서강 영어영문학 총서 05

셰익스피어는 가짜인가?
음모론 시대의 원저자 논쟁

Is Shakespeare a Fraud?
The Authorship Controversy in the Age of Conspiracy

서강 영어영문학 총서 05

셰익스피어는 가짜인가?

음모론 시대의 원저자 논쟁

Is Shakespeare a Fraud?

The Authorship Controversy in the Age of Conspiracy

초판 1쇄 발행 | 2015년 8월 31일

지 은 이 | 김태원
발 행 인 | 유기풍
편 집 인 | 우찬제
발 행 처 | 서강대학교출판부

주 소 | 서울특별시 마포구 백범로 35
전 화 | (02)705-8212
팩 스 | (02)705-8612
등 록 | 제313-2002-170호(1978년 9월 28일)

ISBN 978-89-7273-281-5 94840
ISBN 978-89-7273-265-5(세트)

판매·유통 | ㈜서강하우· http://www.hawoo.co.kr

값 9,000원

* 잘못된 책은 구입하신 곳에서 바꿔드립니다.

서강 영어영문학 총서 05

셰익스피어는 가짜인가?
음모론 시대의 원저자 논쟁

Is Shakespeare a Fraud?
The Authorship Controversy in the Age of Conspiracy

김태원 지음

서강대학교출판부

머리말

이 책은 아주 단순한 의도에서 시작되었다. 일반인들로부터 가장 많이 듣는 셰익스피어 관련 질문, "셰익스피어는 가짜인가?"라는 질문에 제대로 된 답을 들려 주고 싶었다. 이 질문은 사실 TV 퀴즈 프로그램이라거나 뉴스에도 여러 차례 오르내렸던지라, 셰익스피어 작품을 읽어 본 적이 없는 일반인들에게도 무척 익숙한 질문이다. 이런 의문이 언제부터, 그리고 왜 시작되었는지, 이런 의혹의 이유와 근거는 무엇인지, 그동안 어떤 의혹이 제기되었는지, 이런 논란이 지속되는 까닭은 무엇인지, 그리고 결국에는 셰익스피어가 왜 셰익스피어인지에 대해 자세하게 설명해 주려는 것이 집필을 시작할 때 품었던 생각이었다.

한 걸음 더 나간다면, 원저자 논쟁과 관련된 전후 맥락의 설명을 통해 셰익스피어를 대하는 우리의 태도 속에 숨어 있는 낡은 작가관, 그리고 이미 오래전에 파산선고가 내려진 낭만주의적 문학관이 여전히 맹위를 떨치고 있다는 사실을 밝히고 싶었다. 골방에서 외로움과 씨름하며 자신의 내면을 온전히 작품으로 구현하는 위대한 천재작가 셰익스피어라는 익숙한 이미지에 문제가 많다는 사실을 지적하고 싶었다. 협력과 소통을 통해 동시대의 에너지를 끌어모으고 과거의 유산들을 가장 효율적이고 역동적인 방식으로 재구성했던 셰익스피어의 작업을 공동창작이라는 이름으로 호명하고자 했던 이유가 바로 거기에 있었다. 그것은 연극이 종합예술이라는 점에서도 중요한 고려 사항이었지만, 르네상스 시대 영국의 연극이 동시대의 문화적 역량과 사회적 에너지를 응집시키는 일종의 피뢰침같은 역할을 하였음을 밝히고 싶었다.

하지만 영미권에서 지난 160여 년 동안 격렬하고 집요한 방식으로 지속되어 온 복잡한 원저자 논쟁의 역사를 간단하게 정리하는 일은 결코 만만한 작업이 아니었다. 짧은 소개서 한 권으로 정리할 수 있다고 믿은 것이 실수였음을 깨닫는 데는 오랜 시간이 걸리지 않았다. 그렇다고 중단할 수도 없었다. 그런데 더 커다란 난관은 정작 다른 데 있었다. 집필의 진짜 어려움은, 셰익스피어 원저자 논쟁과 관련된 정보가 넘쳐난다는 사실만이 아니라, 셰익스피어 진위를 둘러싼 논쟁의 역사에는 전문가적인 검증 작업만으로 정리될 수 없는 심대한 문화적 현상이 자리하고 있었다. 전상진 교수의 음모론 연구가 경고하는 것처럼 "재판관"의 입장을 견지한 채 관련된 논란을 정리하려는 것은 차라리 무모한

짓이었다. 집필이 마무리되어 갈 즈음에는 원저자 논쟁이 산뜻하고 간결하게 정리되기에는 너무나도 복잡하게 얽힌 사회문화적 현상의 일부임이 분명해졌다. 포기하고 싶었다. 아마도 출판부의 격려와 채근이 없었다면 진작에 그만두었을 것이다. 우여곡절 끝에 결국 마무리를 하기로 결정했다. 다만 이 작은 책이 향후 원저자 논쟁 관련 국내 연구에 유용한 기초 정보를 제공할 수 있으리라는 기대로 위안을 삼기로 하였다. 원저자 논쟁이 음모론의 시대에 어떤 위상과 함의를 갖는지에 대해서는 결국 변죽만 울리고 말았다. 후일을 기약하고 싶지만, 확언할 수는 없다.

2016년은 셰익스피어 사망 400주년이다. 영미권은 물론이고 전 세계에서 다양한 기념행사가 기획되고 있다. 국내에서도 여러 관련 단체와 극단들이 행사를 준비하고 있는 것으로 안다. 셰익스피어의 신격화와 우상화의 바람이 다시 한 번 폭발적으로 가시화 될 것이 분명하다. 그에 맞서는 안티 스트랫포드 주의자들의 반격도 만만치 않을 것이다. 어느 쪽이 우세를 점하는가와 상관없이 셰익스피어를 업으로 삼는 많은 이들에게는 더할 나위 없는 꽃시절이 될 가능성이 아주 높다. 무풀보다는 악플이, 무명보다는 오명이 낫다고 했던가? 어찌 되었건 셰익스피어 산업에는 좋은 긍정적인 계기가 될 수도 있을 것이다. 논쟁은 더 격렬해질 것이고 이 기회를 적극 활용하는 이들도 많아질 것이다. 셰익스피어 전공자로서 "웃픈" 상황이라 말할 수밖에 없다.

계몽을 의도하고 기획된 책이지만, 결국 논쟁의 역사를 간략히 소개하는 수준에 머물고 말았음을 고백해야겠다. 셰익스피어가 셰익스피어라는 나의 확신은 여전히 그대로이지만 셰익스피어 가짜설에서 발견되는 여러 사회문화적 현상에 대해서는 더 많은 탐구가 필요하다는 사실을 확인하였다. 많은 아쉬움과 불가피한 한계에도 불구하고, 셰익스피어의 신원을 둘러싸고 벌어져 왔던 논쟁의 역사를 이해하는 데 이 작은 책자가 조금이나마 보탬이 되기를 소망한다.

서강대출판부의 우찬제 교수의 조언이 이 책을 시작할 수 있도록 만들었다. 출판부의 김영주 씨에게는 거듭 죄송하다. 원고 제출기한을 여러 차례 넘긴 것부터 중도포기 선언까지 많이 괴롭혔다. 인내심에 감사드린다. 집필과정에서 서강대 영문과 동료들에게도 빚을 많이 졌다. 끝까지 기다려 준 학과장 김영주 교수에게 감사한다. 대학원 시절 은사이신 서울대 영문과의 이종숙 선생님은 학자로서 닮고 싶은 귀감이자 학문의 지향점이 되어 주신 분이다. 선생님께서 이 년 후에 정년퇴임하신다. 배움의 길로 인도해주신 선생님께 감사드린다. 마지막으로, 30년의 세월 동안 투덜이 배우자의 짜증을 묵묵히 견뎌준 박부남에게 고마움을 전한다.

2015년 8월 18일

김태원

차례

01

셰익스피어는 가짜인가? 음모론 시대의 원저자 논쟁

들어가는 말

영국이 낳은 세계적인 문호, 윌리엄 셰익스피어William Shakespeare. 그를 둘러싼 숱한 논쟁 중에서도 단연 대중들의 눈과 귀를 매혹시켜 온 쟁점은, 우리에게 익히 알려진 그 셰익스피어는 가짜이며, 셰익스피어의 작품들을 쓴 진짜 작가는 따로 있다는 주장일 것이다. 이 작은 책은 윌리엄 셰익스피어의 생애와 관련하여 지금까지 알려진 내용을 자세히 살펴보는 것에서 시작하여, 가짜 셰익스피어 설을 주장하는 학자들의 의견과 근거를 개략적으로 소개하고, 그와 같은 논의가 드러내 보여주는 사회문화적 현상을 해명하려는 시도이다. 이 과정에서 "음모론"의 시대에, 그리고 "저자의 죽음"이 선언된 이후의 셰익스피어 연구는 어떤 방식으로 이루어져야 하는지를 검토하고자 한다. 즉, 지난 160여 년의 "원저자 논쟁"authorship controversy의 역사를 개관함으로써 셰익스피어를 읽고 관람할 21세기의 독자/관객에게 남겨진 과제가 무엇인지를 따져 묻고자 한다.

셰익스피어의 신원을 둘러싸고 벌어지는 소위 원저자 논쟁은 오랜 시간 동안 학계에서 금기시 되어 왔다. 그것은 흔히 아마추어들의 호사가 취미 그 이상도 이하도 아닌 것으로 간주되었다. 필자가 대학원에서 공부하던 시절, 원저자 논쟁에 관심을 두는 것은 시간과 에너지의 낭비일 뿐이라는 충고를 받곤 했다. 중요한 연구주제로부터 주의를 분산시키는 비학술적 쟁점에 휘둘리지 말라는 조언이 뒤따르곤 하던 이슈였다. 원저자 논쟁은 무지한 대중의 취향을 추수하는 비학술적 쟁점이며, 기껏해야 대중적 가십에 불과하기에, 시간이 흐르면 전문적인 지식에 의해 자연스럽게 계몽되어지고 소멸될 것이라는 관점이 대세였다.

하지만 그때로부터 25년의 시간이 지난 지금도 대학 강의실에서든 일반인과의 대화에서든, 셰익스피어 전공자임을 밝히는 순간 받게 되는 가장 흔한 질문이야말로 셰익스피어의 진위논쟁과 관련된 것들이다. 우리가 아는 윌리엄 셰익스피어는 가짜이고 그의 이름으로 알려진 작품들의 진짜 필자는 따로 있는가? 셰익스피어가 아니라면, 과연 셰익스피어의 작품들은 누가 썼는가? 셰익스피어는 무지한 촌뜨기였다는데 어떻게 그런 위대한 작품을 쓸 수 있었는가? 셰익스피어는 부의 축적에 관심이 많았다는데 그토록 위대한 작가가 탐욕과 물욕에 사로잡힌 인물일 수 있는가? 셰익스피어는 자신의 이름을 매번 다르게 서명했다는데, 제대로 교육받은 사람이라면 그럴 수는 없지 않은가?

이런 종류의 질문들이 과연 학술적으로 의미 있는 것들인지에 대해서는 예전이나 지금이나 내 생각이 크게 바뀌지 않았다. 그렇지만, 일반인들의 호기심과 질문에 대해서 대답할 가치조차 없다며 무시하고 경멸해도 좋다고 말할 수는 없는 것 아닐까? 세월이 지나면 자연스레 소멸할 것이라는 낙관적인 예상과 달리 오히려 더 많은 추종자가 생겨나고 더 다양한 문제 제기가 이뤄지고 있다면, 일반적이고 대중적인 질문에 전문가적 대답을 들려 줘야 하는 것 아닐까? 필자가 대학원생이었던 것이 벌써 25년 전인데, 셰익스피어를 둘러싼 원저자 논쟁이 여전한 것을 보면 무시한다고 문제가 해결되는 것은 아닌 듯하다. 전상진의 말처럼, "묵살과 낙인과 탄압은 의혹과 불신과 음모론을 더욱 키운다." 전공자들이 셰익스피어 가짜설을 외면하고 무시하고 낙인찍었을 때, 그것은 전문가들이 공모자로 참여하는 거대한 음모집단과 대결할 수밖에 없는 편집증적 상황으로 받아들여졌다. 최근 들어 셰익스피어 전공 학자들이 방관 대신 적극적인 개입으로 방향을 선회하고 있지만, 전문가의 개입으로 상황이 금세 바로잡힐 것 같지는 않다. 진실에 대한 재판관의 역할을 자임하고 군림하면 할수록, 안티 스트랫포드 주의자들Anti-Stratfordians의 시선에서 보자면 기득권을 지키려는 음모집단의 한 발 늦은 반격으로 간주될 따름이기 때문이다. 그런 의미에서, 이 책은 셰익스피어 가짜설과 음모론 신봉자들을 설득하기 위한 책이 되기는 어려울 것이다.

그림 1 **웨스트민스터 사원의 셰익스피어 조각상**

런던의 웨스트민스터 사원에는 소위 "시인의 전당"Poets' Corner이 마련되어 있는데, 셰익스피어가 다른 위대한 영국의 시인들과 함께 웨스트민스터 사원에 안치되지 않았다는 사실을 두고 논란이 많다. 현재는 그의 조각상이 세워져 있다.

원저자 논쟁과 관련된 여러 쟁점을 정리하고 해명하는 책을 써야겠다고 처음 마음먹었을 때는, 대중적인 관심에 부응하는 정확한 정보 제공과 논쟁의 정리를 목표로 삼았다. 그런데 원저자 논쟁 관련 자료를 검토하는 과정에서 원저자 논쟁의 함의가 셰익스피어가 가짜인가, 혹은 대안으로 떠오른 작가는 누구인가와 같은 질문에 답하는 차원에 머무르지 않는다는 사실을 깨닫게 되었다. 그것은 작가와 천재성에 대한 근대적 태도, 엘리트주의와 계급주의의 충돌, 진실과 거짓을 둘러싼 권력투쟁, 르네상스 시대 영국 연극 및 문학에 대한 이해와 오해의 문제 등, 숱한 문학적 · 사회적 · 정치적 쟁점들의 단층선faultline을 새롭게 사유하고 비판적으로 검토할 것을 요구하고 있음을 확인하게 되었다.

원저자 논쟁에 부정적인 사람들은 셰익스피어에 관한 전기적 사실의 발굴이 그의 작품을 이해하는 데 아무런 도움도 주지 못할 것이라고 말하곤 한다. 셰익스피어 가짜설이라는 것이 대개 비학술적인 방법론과 편향된 담론의 형태를 띠고 있을 뿐만 아니라, 설령 셰익스피어가 가짜라 할지라도 『햄릿』이나 『리어왕』 같은 희곡의 이해에 새로운 관점을 제공하지도 차별화된 해석의 여지를 만들어 내지도 못하기 때문이다. 원저자 논쟁에서 제기된 대부분의 주장이 사실보다는 추측과 가정에 의존하는 점, 많은 경우 작품을 통해 작가를 재구성하려는 환원론적 시도로 귀결되는 점, 그리고 자료의 빈틈을 상상력과 가정으로 메우려는 점 등을 거론하며 이들의 주장이 일종의 사상누각에 불과하다고 비판한다. 작가의 생애에 대한 정보가 작품 이해와 해석을 도와주는 방식으로 동원되는 것이 아니라, 작품에서 구성된 가공의 작가를 역으로 작품에 투사하는 태도에 근본적으로 문제가 있다고 보는 것이다.

셰익스피어 가짜설 유포자들의 행태에 대한 이런 비판은 상당한 타당성이 있다. 그러나 작가 셰익스피어의 생애와 그의 사적인 영역에 관한 여러 세부적인 사실에 대한 안티 스트랫포드 주의자들의 관심과 탐구를 작품 해석의 차원으로만 바라봐서는 안 된다. 작품 이해를 위해 작가의 생애를 검토한다거나, 대안으로 제시한 인물을 통해 셰익스피어 작품에 새로운 통찰을 제공하는 것이 그들의 목표가 아니라는 뜻이다. 앞으로 좀 더 자세히 살펴보겠지만, 셰익스피어 가짜설은 셰익스피어 신격화의 양상을 노골적으로 드러내는 특정한 셰익스피어 읽기bardolatry에 대한 저항의 형식을 띠기도 한다. 또한 학술 정보의 독점을 통해 권위를 구성하는 아카데미의 학문적 폐쇄성에 대한 도발이기도 하다. 물론 그들의 치명적인 약점은 기존의 권위에 도전하고 저항한다는 사실에 있는 것이 아니라, 그 저항과 도발에 의해 구성되는 지식의 성격에 있을 것이다. 안타깝게도 그들의 탐구와 주장은 대부분 또 다른 신화화와 우상화로 귀결되며, 시대착오적인 관점들의 복고적인 숭배와 화석화의 경향을 보인다. 셰익스피어 가짜설이 존 피스케John Fiske가 "지배적인 지식이 억압하거나 중요하지 않다고 폐기한 사실들, 사건들, 정보의 편린을 복원"함으로써 구성할 수 있을 것으로 기대했던 "대항지식"으로까지 발전하지 못하는 이유가 여기에 있다.

1850년대 딜리아 베이컨Delia Bacon, 1811–1859과 일군의 논쟁적 저자들이 출현하여 셰익스피어 가짜설을 주장하기 시작한 이래 셰익스피어 작품의 원저자를 둘러싼 논쟁이 지구상에서 사라진 적은 단 한 순간도 없다. 다만 20세기 초 · 중반에 잠시 소강상태에 빠진 적은 있으나, 1960년대 이후 새로운 지지자를 충원하고 1990년대를 기점으로 대중적인 관심을 끌어내는 폭발적인 이슈가 되었다. 컴퓨터와 인터넷의 보급은 엘리트와 아카데미에 의해 독점되었던 학술 정보를 대중화함으로써 소위 "덕후"(오타쿠)의 시대를 열었고 이와 같은 반엘리트주의 물결에 편승한 새로운 종류의 도전적 주장이 주로 인터넷을 타고 확산되고 있는 실정이다. 셰익스피어 가짜설을 믿는 사람은 한 세기 전에도 많았다. 그러나 이제는 관심이 있는 사람들만이 아니라 모든 이들이 궁금해 하는 주제가 된 것이다. 인터넷이라는 매체의 출현은 셰익스피어 가짜설과 같은 학술적 쟁점을 연예 오락프로그램과 뉴스에도 등장하는 가십거리로 탈바꿈시켰다.

영국의 셰익스피어 전문가 조나단 베이트Jonathan Bate가 1997년에 출판하였던『천재 셰익스피어』*The Genius of Shakespeare*에 등장하는 다음과 같은 문장은, 비록 20여 년 전의 것이기는 하지만 셰익스피어 진위 논쟁과 관련된 작금의 상황을 이해하는 데 많은 도움을 줄 것이다.

> 톡스테스의 아파트 거실에 앉아 있는 지금 이 순간, 같은 아파트에 거주하는 내 이웃 중의 한 사람에게는 지난 40여 년 동안 지극 정성으로 관심을 기울여 온 저술 프로젝트가 하나 있다. 그의 책에는 이탈리아계 영국 이주민의 자식이자 사전 편찬자였던 존 플로리오John Florio가 셰익스피어의 작품을 썼다는 주장이 담기게 될 것이

다. 우리 집에서 몇 킬로미터 떨어진 리버풀 남부에 살고 있는 나의 지인은 은퇴한 변호사인데, 『헨리 6세』에서 암호화된 암시들을 해독하려고 애쓰고 있다. 그것을 해결하면 제 7대 슈류즈베리 공작Seventh Earl of Shrewsbury이었던 길버트 탈봇Glbert Talbot이야말로 셰익스피어 작품의 진짜 작가임을 증명할 수 있다고 확신한다. 리버풀 대학교에서 근무하는 나는 렌달 빌딩Rendall Building에서 강의를 하곤 한다. 이 건물은 제랄드 렌달Gerald H. Rendall 교수를 기념하는 건물이다. 그는 이 대학 최초의 그리스어 전공 글래드스톤 석좌교수였다. 그가 80세가 되었을 때 17대 옥스퍼드 백작 에드워드 드 비어Edward De Vere, 17th Earl of Oxford가 진짜 셰익스피어라는 이론을 받아들였다. 그리고 죽기 전까지 이와 관련된 책을 네 권이나 발간하였으며, 마지막 저서가 1939년에 출판되었다. 같은 대학에서 자연과학대학 학장을 지냈던 티덜리A. W. Titherly는 제 6대 더비 공작이었던 윌리엄 스탠리William Stanley가 진짜 셰익스피어라고 주장하는 네 권의 저서 중에서 첫 번째를 같은 해 간행하였다. 영국 북부의 소도시(리버풀)에서 네 명의 안티 스트랫포드 주의자들이 각각 다른 네 명의 인물을 진짜 셰익스피어라고 주장하였다. 아마도 셰익스피어에 대해 알고 있는 어떤 도시에서, 그리고 세계의 거의 모든 도시에서 비슷한 상황이 벌어지고 있을 것이다.

책의 출판 당시 리버풀대학교 영문과 교수였던 조나단 베이트는 자신의 주변에 각기 다른 인물을 진짜 셰익스피어로 지지하는 여러 사람의 공존을 보고 경악한다. 하지만 셰익스피어 가짜설은 리버풀에서만 벌어지는 것이 아니라 영미권의 거의 모든 지역에서 발견되는 일이며, 최근에 들어서는 비영어권 지역으로까지 확산되고 있는 전지구적 문화 현상이다. 전상진이 "음모론의 주류화"라 불렀던 현상의 하나라 부를 만한 이런 열풍은 새로운 대중매체–멀게는 TV와 영화에서부터 가깝게는 인터넷, SNS, 모바일 기기–의 민주적 가능성을 최대로 활용하면서 약진에 약진을 거듭하고 있다. 구글을 통해 셰익스피어를 검색했을 때 셰익스피어 가짜설에 관한 정보를 가장 많이 만나게 되는 것도 결코 어색한 일이 아니다.

셰익스피어 원저자 논쟁을 소개하려는 이 책은 우선 셰익스피어에 관해 확립된 사실들로부터 시작하여, 우리가 아는 셰익스피어가 가짜라고 주장하는 사람들의 주장과 근거, 그리고 그와 같은 논쟁의 근저에 자리잡은 여러 문화적 현상을 해명하고자 한다. 셰익스피어의 작품을 쓴 작가는 우리가 알고 있던 그 셰익스피어가 아니고, 진짜 작가는 숨겨져 있다는 주장들의 함의를 21세기 셰익스피어 연구의 맥락에서 재검토하고자 하려는 것이다. 왜, 하필 셰익스피어가 사망한 지 250여 년이 지난 시점인 1850년대에 이런 주장이 활발하게 제기되기 시작했는지, 어떻게 20세기 말에 다시 부흥의 기회를 얻게 되었으며, 그리고 시간이 지날수록 위세를 더해 가는 것처럼 보이는지 등의 문제를 분석해 볼 것이다.

01

셰익스피어의 생애

제1장에서는 우리가 익히 알고 있는 셰익스피어와 관련된, 그리고 그와 관련하여 일반적으로 사실로 받아들여지는 정보를 주로 소개한다. 우리가 이 책에서 셰익스피어와 관련된 정보를 다루는 방식은, 사무엘 쇼엔바움의 『셰익스피어의 생애』*Shakespeare's Lives*, 1970와 『윌리엄 셰익스피어, 압축한 기록으로 보는 생애』*William Shakespeare: A Compact Documentary Life*, 1975는 현재까지도 셰익스피어에 관해 가장 포괄적인 정보를 제공하는 모범적인 전기서로 평가받는다. 쇼엔바움에 따르면 셰익스피어 관련하여 우리에게 전해 내려오는 정보에는 네 가지 층위가 있는데, 전기 작가는 그것들 사이의 차이에 세심한 주의를 기울여야 한다고 주장한다.

(1) 사실로 입증 가능한 것 the verifiable

(2) 개연성이 있는 것 the probable

(3) 가능성이 있는 것 the possible

(4) 말도 안되는 것 the preposterous

이번 장에서 우리는 첫 번째와 두 번째, 즉 입증 가능한 내용과 개연성이 매우 높은 정보를 중심으로 셰익스피어의 생애를 기술하고자 한다. "가능성이 있는 것"이나 "말도 안되는 것"에 해당되는 정보라면, 그렇게 판단하는 이유를 밝히고 독자에게 판단을 맡길 것이다.

우리는 상호 엇갈리는 정보들과 일관성이 부족한 증거들 위에 계속해서 덧붙여지는 무수한 추측들을 모두 수용하기보다는, "오캄의 면도날"Occam's razor이라는 논리적 원칙에 따르는 매우 선택적인 방법을 택한다. 14세기 영국의 프란체스코 수도회 수사였던 오캄의 윌리엄William of Occam이 제시한 논리의 경제성 원리principle of economy가 바로 그것이다. 오캄에 따르면, 현상을 설명하고자 할 때는 가정을 최소화해야 한다. 동일한 현상을 설명하는 상반된 두 개의 주장이 있다면, 덜 복잡한 쪽을 선택하라는 주장으로 요약할 수 있다. 다른 조건이 모두 같다면 1) 불필요하게 많은 것을 가정하는 것을 피하고, 2) 보다 적은 숫자의 논리로 설명할 수 있다면 그것을 선택하는 것이 합리적이라는 뜻이다. 오캄의 면도날이 보편적 진리를 확증해 주는 무오류의 잣대가 될 수는 없지만, 어차피 겹겹의 가정과 추측에 의해서 세워질 수 있는 주장만이 편재하는 상황이라면, 가장 적은 숫자의 가정에 근거한 것이 더 유효한 문제 해결 방식이라고 믿기 때문이다.

셰익스피어의 생애와 관련하여 1780년에 이미 조지 스티븐스George Stevens가 매우 거칠게 토로했던 다음의 선언은, 그동안 발견된 여러 새로운 증거에도 불구하고 여전히 유효하다.

> 셰익스피어와 관련하여 어느 정도 확실하게 알려진 것이 있다면, 그가 스트랫포드 어펀 에이번Stratford-Upon-Avon에서 태어났으며, 결혼을 한 후 그곳에서 아이들을 낳았고, 런던으로 가서 배우생활을 시작했으며, 그곳에서 시와 희곡을 창작하며 지내다, 스트랫포드로 다시 돌아와 유언장을 남기고 죽어 묘지에 묻혔다는 것뿐이다.

스티븐스의 주장은 사실 과도한 일반화다. 그동안 발굴되었던 셰익스피어의 생애 관련 정보는, 동시대의 여느 작가와 비교해도 결코 적은 분량이 아니다. 아마도 셰익스피어에 관한 정보는 날이 갈수록 축적되었지만, 정작 모두가 기대하고 궁금해 하는 "어떤" 셰익스피어의 모습이 발견되지 않는다는 것이 문제일지도 모른다. 즉, 대중들이 발견하고 싶은 정보와 실제로 발견된 정보 사이에는 메울 수 없는 간극이 존재한다. 셰익스피어의 생애에 관한 일반 독자들의 불만과 그 함의를 이해하기 위해서 우리는 셰익스피어에 관해 이미 잘 알려진 가장 기본적인 사실을 확인하는 작업으로 논의를 시작한다.

윌리엄 셰익스피어는 1564년 4월 23일에, 영국 중부 워릭셔의 작은 도시 스트랫포드-어펀-에이븐(이하 스트랫포드로 표기함)에서 존 셰익스피어John Shakespeare와 메리 아든Mary Arden의 셋째 아들로 태어났다. 그런데 그의 생일로 기념되는 4월 23일은 논란의 여지가 있다. 사실 셰익스피어가 태어난 날짜는 정확한 것이 아니다. 다만 4월 26일 세례를 받은 교회의 기록이 남아 있을 뿐이다. 당시 관행에 따르면 아이가 태어나고 3일 후에 세례를 받았기에 전통적으로 4월 23일을 생일로 기념하고 있는 것이다. 셰익스피어 학자들이 4월 23일을 선호하는 데는 또 다른 이유가 있다. 4월 23일은 영국의 수호성인으로 여겨지는 세인트 조지의 날St. George's Day이다. 셰익스피어가 만일 영국의 수호성인 기념일에 태어났다면 영국의 위대한 민족시인의 탄생이라는 점에서 얼마나 상징적인가? 더 나아가, 셰익스피어가 사망한 날이 1616년 4월 23일이기 때문에, 같은 날에 와서 같은 날에 떠나간 위대한 시인의 운명을 신비화하는 데 무척 매력적인 소재가 되었음에 틀림없다.

셰익스피어는 8명의 형제 중에서 셋째이자 장남으로 태어났다. 첫째였던 조앤Joan과 둘째 마가렛Margaret은 아직 어린아이였을 때 세상을 떠났다. 첫째 조앤이 언제 사망했는지 기록은 없지만 다섯 번째 딸을 조앤으로 명명한 것으로 미루어 일찍 사망

그림 2 제 1 이절판 표지에 실린 셰익스피어의 초상

셰익스피어 사망 7년 후인 1623년 동료배우였던 존 헤밍스John Heminge(s)와 헨리 콘델Henry Condell은 그의 희곡 작품 36편을 묶어 이절판(folio)의 형태로 출판한다. 흔히 제 1 이절판The First Folio이라 불리는 이 전집의 표지에 실린 셰익스피어의 초상(그림 2)은 마틴 드로숫Martin Droeshout의 목판화다. 현존하는 여러 셰익스피어 초상화 중에서 그의 실제 모습에 가장 근접할 것으로 평가된다.

한 것으로 보인다. 셋째 아들 윌리엄이 태어났던 1564년에는 스트랫포드에 역병이 유행하였고 6개월 사이에 250여 명이 사망했다. 윌리엄 셰익스피어의 생존은 어쩌면 행운이었을 것이다. 2년 후에 넷째 길버트Gilbert가, 1569년에 조앤이, 1571년에는 앤Anne이, 1574년에는 리차드Richard가, 그리고 마지막으로 1580년에 막내 에드먼드Edmund가 태어났다. 길버트는 1612년에, 그리고 앤은

1579년 8살의 나이로 사망했던 반면, 다섯째 조앤은 스트랫포드의 모자 제작 장인 윌리엄 하트William Hart와 결혼하였으며 1646년까지 생존하였다. 막내 동생 에드먼드는 셰익스피어처럼 런던에서 배우생활을 하였으며 1607년에 사망한 후 글로브 극장 근처의 성 구세주교회St. Saviour's Church, 현재의 써덕 성당Southwark Cathedral에 묻혔다.

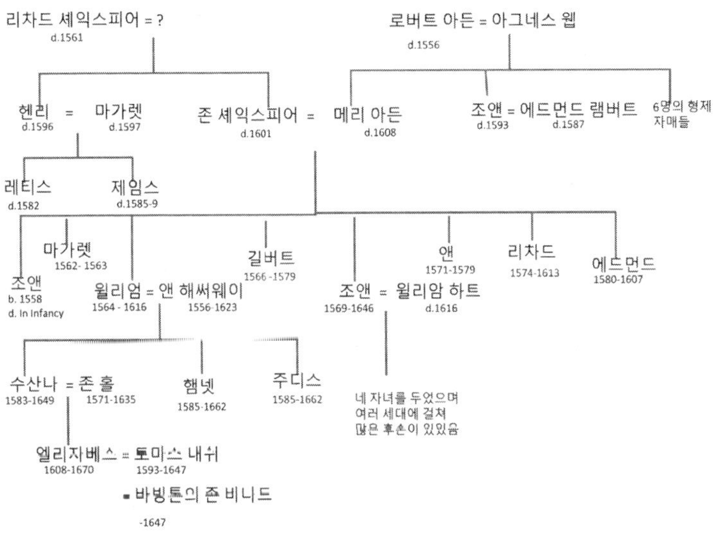

그림 3 **셰익스피어의 가계도**

주디스의 세 자녀가 혼인 전에 사망했고, 수산나의 딸 엘리자베스가 자녀를 얻지 못함으로써 셰익스피어 대는 완전히 끊기게 된다.

삼형제 중 장남이었던 존 셰익스피어는 스니터필드Snitterfield라는 인근의 시골마을 출신으로 스트랫포드로 이주한 후 가죽 제작자glove-maker로 제법 커다란 성공을 거두었다. "Glove-maker"는 단순히 장갑만 제작한 것이 아니고 가죽과 관련된 다양한 수공예품을 다루었다. 존 셰익스피어를 도축업자butcher라거나 양털상인wool dealer으로 지칭하는 경우가 있었는데, 이것들은 모두 후대의 오인으로 간주된다. 그는 1560년을 전후하여 스트랫포드의 중요 인사로 자리잡았다. 시의원alderman(1565)을 거쳐 행정집행관high bailiff(1568)으로 복무하는데 이 자리는 요즘으로 치자면 시장Mayor에 해당한다. 시장 임기를 마친 후 수석 시의원high alderman, 치안판사justice of peace 등을 역임하였다.

존 셰익스피어가 지역사회의 유지였으며 상당한 정도의 부를 축적했다는 증거는 적지 않다. 예를 들어 1556년에는 집을 두 채 구입한다. 하나는 현재 셰익스피어 생가로 잘 알려진 헨리 스트리트Henley Street의 정원이 딸린 집이요, 다른 하나는 그린힐 스트리트Greenhill Street의 작은 농장과 정원을 갖춘 집이었다. 1557년에는 스니터필드 출신의 메리 아든과 결혼하였다. 아든 가는 스니터필드 지역의 중농으로서 셰익스피어의 할아버지 리차드의 지주이기도 했다.

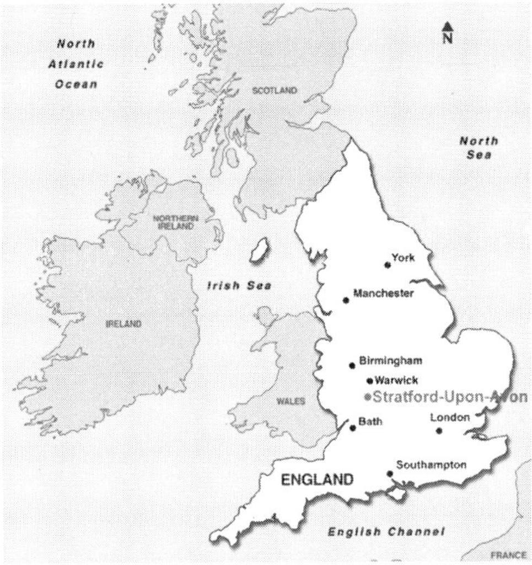

그림 4 워릭셔의 스트랫포드 어펀 에이븐

셰익스피어가 태어난 스트랫포드 어펀 에이븐은 영국 중남부 워릭셔 주의 읍 정도 규모의 도시로서, 런던에서 북서쪽으로 약 160킬로미터 떨어져 있다. 셰익스피어 당시에는 약 2000여 명의 주민이 거주했으며 시장을 중심으로 인근 마을의 중심지 역할을 했다. 16세기 영국에서 런던 다음으로 번성했던 노리치Norwich 같은 도시도 인구가 1만 명을 넘지 않았다는 점을 고려하면, 작은 규모였지만 도시로서의 기능을 했다고 말해도 좋을 듯하다.

존 셰익스피어는 여러 차례 경제적 부침을 겪기도 하였고, 1576년 이후에는 주요 공직에서 물러났으며, 최종적으로 1578년 시의원에서도 제명되었다. 1592년 교회 불참을 이유로 두 차례 경고를 받은 기록이 남아 있는데, 이를 근거로 몇몇 학자들은 존 세익스피어가 종교개혁을 거부하는 가톨릭 신자라는 주장을 펴기도 한다. 하지만 반론도 만만치 않다. 빚쟁이를 피하기 위해 교회에 출석하지 않았다는 주장도 있다. 존 셰익스피어는 한때 경제적인 어려움을 겪었지만 1601년 사망했을 때 헨리 스트리트의 저택과 상당한 토지를 유산으로 남겼다. 그의 아내 메리는 1608년 9월에 사망했다.

셰익스피어는 1553년에 설립된 스트랫포드의 유일한 문법학교Grammar School였던 에드워드 6세 학교King Edward VI School에 다녔을 것으로 추정되지만, 당시의 학생들과 관련된 기록이 아무것도 남아 있지 않아 현재로는 확인할 길이 없다. 그렇지만, 문법학교가 셰익스피어 집으로부터 몇 블럭 떨어지지 않을 정도로 가까이에 있었으며, 그가 학교에 입학했을 만한 나이에는 아버지 존 셰익스피어가 스트랫포드의 주요 인사로 활발히 활동하였다는 점 등을 고려한다면, 그가 이 학교에 다녔으리라는 점은 쇼엔바움이 말하는 "개연성"의 영역에 들어가는 정보라 할 수 있다.

18세가 되던 1582년에는 8살 연상의 앤 해써웨이Anne Hathaway와 결혼한다. 결혼식 날짜는 확실하지 않지만 11월 27일 우스터 교구Diocese of Worcester에서 결혼허가증을 발급받았다는 기록이 남아 있다. 결혼 6개월 만인 이듬해 5월에 첫째딸 수산나Susanna가 태어난다. 이로 미루어 혼전 임신이 분명한데, 바로 이런 이유로 몇몇 전기 작가들은 해써웨이가 연하남을 유혹해 발목을 붙잡은 여인으로 묘사하곤 한다. 또 이 사실을 셰익스피어의 유언장에 나오는 아내에 대한 표현과 연결시키기도 한다. 스티븐 그린블랫Stephen Greenblatt 같은 전기작가는 그녀가 중농 출신이었음에도 불구하고 일자무식이었을 것으로 확신한다. 또 1592년에 쓰인『비너스와 아도니스』*Venus and Adonis*에 등장하는 이성관계–즉, 연상이자 능력 있는 여성이 어린 남성을 유혹하는 위계적 관계–를 셰익스피어 부부관계를 설명하는 척도로 사용하여, 두 사람의 애증관계의 증거로 삼고자 하였다. 반면 저메인 그리어Germain Greer 같은 여성주의 전기작가는 해써웨이가 매우 지적인 여인이었을 것으로 추정한다. 나이든 여자로서 연하의 남성을 낚은 것이라는 남성 중심적인 해석에 대해서도, 145번 소네트를 근거로 삼아 셰익스피어가 먼저 유혹했을 것이라고 반박한다. 그린블랫이든 그리어든, 확실한 근거는 없고 추측과 가실에 의존하여 논의를 펼친다. 셰익스피어의 결혼이 어떻게 이뤄졌는지를 설명해 주는 자료는 전무하다. 해써웨이가 어떤 성격의 사람이었는지, 얼마만큼의 교육을 받았는지, 셰익스피어와의 애정 및 부부관계는 어떠했는지를 두고 온갖 추측이 난무하지만, 어느 것 하나 확실한 증거는 없고 주장만 있는 셈이다. 그녀는 남편의 문학적 성취를 기념하는『제 1 이절판』이 출판되었던 1623년 8월에 세상을 떠났다.

첫딸 수산나가 태어나고 2년이 지난 1585년 2월에 셰익스피어 부부에게 이란성 쌍둥이가 탄생한다. 아들 햄넷Hamnet과 딸 주디스Judith가 바로 그들이다. 하지만 햄넷은 불과 11살이던 1596년 8월 사망하였으며 장례식을 치른 기록이 남아 있다. 수산나는 1607년 스트랫포드의 의사 존 홀John Hall과 결혼하여 이듬해 딸 엘리자베스Elizabeth를 얻었고, 주디스는 셰익스피어가 사망하던 해 2월 스트랫포드의 이웃이었던 토마스 퀴니Thomas Quiney와 결혼한다. 토마스 퀴니의 아버지 리차드 퀴니Richard Quiney는 셰익스피어와 관련된 흥미로운 편지 한 통을 남긴 바 있다. 셰익스피어에게 보내는 리차드 퀴니의 편지 한 통이 1793년 셰익스피어 전문 편집자 에드먼드 말론Edmond Malone, 1741–1812에 의해 발견되었다. 1598년 10월 25일에 작성된 이 편지에는 어려움에 처한 스트랫포드의 시민들에게 30파운드를 지원해 달라는 부탁이 적혀 있다. 이 편지가 퀴니의 유물 속에서 발견되었다는 점에서 전달되지 못했던 것이 확실해 보인다. 셰익스피어가 이에 대해 어떻게 대응했는지를 확인할 길은 없다. 한 가지 미루어 짐작할 수 있는 점은, 셰익스피어의 경제적 성공과 그에 따른 스트랫포드의 고향 사람들이 그에게 걸었던 기대의 정도가 아닐까 싶다.

잃어버린 시절 Lost Years, 1585–1592

우리는 셰익스피어가 어떤 경로와 동기로, 어느 시점에 런던으로 갔는지 알지 못한다. 그가 언제 극단의 일원이 되었고 배우가 되었는지에 대해 알 길이 없다. 쌍둥이를 얻었다는 1585년의 교구 기록으로부터 런던에서 배우 겸 작가로 주목을 받기 시작한 1592년까지 8여 년간의 셰익스피어 생애와 관련된 정보는 거의 없다. 마치 예수 그리스도의 청년기가 그러하듯 셰익스피어의 청년기는 알려진 바가 거의 없기에 종종 신비화되는 경향이 있으며, 온갖 추측과 억측이 난무하는 지점이다. 이 시기를 두고 흔히 셰익스피어의 "잃어버린 시절"이라 부른다.

특별히 이 시기를 기술하는 과정에서 전기작가들의 다양한 상상력이 동원되곤 하지만, 만족스러운 설명은 매우 드물다. 예를 들어 캐서린 던칸–존스Katherine Duncan–Jones는 셰익스피어가 워릭셔를 방문했던 유랑극단에 합류하였고 한동안 이 극단과 함께 지방을 떠돌며 배우생활을 했을 것이라고 주장한다. 실제로 1587년 퀸즈맨Queen's Men 극단이 셰익스피어의 고향 스트랫포드에서 순회공연을 했던 기록이 남아 있다. 이 정도면 쇼엔바움의 "가능성"에 해당하는 주장일 것이다. 만약 셰익스피어가 이들과 함께 고향을 떠나 런던으로 갔다면 그의 런던 정착 시기는 1587년 혹은 1588년까지 앞당겨질 수도 있다. 반면에, 리차드 윌슨Richard Wilson같은 학자는 셰익스피어가 랭카셔Lancashire에서 신분을 숨기고 가톨릭 집안의 가정교사로 지냈으며 이 시절에 이 가문에서 이뤄진 여러 공연에 배우로 참여했을 것이라 주장한다. 18세기 전기작가 존 오브리John Aubrey, 1626-1697는 『영국 시인들의 생애』*Lives of the English Poets*(1680)에서 구체적인 증거를 제시하지 않은 채, 셰익스피어가 "시골지역에서 학교 선생"을 했다고 기록하고 있다. 오브리의 주장은, 랭카셔 지역에 거주하던 독실한 가톨릭 신자 알렉산더 호톤Alexander Hoghton의 집에서 가정교사를 했다는 리차드 윌슨 주장의 뒷받침이 된다. "셰익스피어 가톨릭 신자론"Theory of Catholic Shakespeare의 시발점이며, 이것이 소위 랭카셔의 셰익크세프트Shakeshafte설이다. 알렉산더 호톤은 랭카셔 지역의 부유한 지주였으며 독실한 가톨릭 신자였다. 그가 1581년 작성한 유언장에 따르면, 자신의 악기들과 연극 코스튬을 이복동생 토마스에게 증여하기로 하였다. 만일 동생이 물려받을 의사가 없다면, 토마스 헤스커스Thomas Hesketh에게 물려 줄 것이며, 그 외에도 포크 길롬Foke Gyllom과 윌리엄 셰익크세프트William Shakeshafte를 잘 보살펴 달라는 내용이 포함되어 있다. 이 주장은 1930년에 처음 제시되었지만, 1985년대 셰익스피어 학자 어니스트 호니그맨Ernest A. J. Honigmann이 그의 『셰익스피어: 잃어버린 시절』*Shakespeare: The Lost Years*에서 설득력 있는 주장의 형태로 발전시켰으며, 이후 리차드 윌슨을 위시한 몇몇 연구자들의 강력한 지지를 받았다. 그러나 이를 반박하는 평자들은 셰익크세프트는 랭카셔 지역에서 제법 흔하게 만날 수 있는 성씨였으며, 그를 스트랫포드 셰익스피어와 연관시킬 근거가 매우 희박하다고 말한다.

랭카셔의 셰익크세프트 논란은 셰익스피어의 종교에 관한 쟁점과 종종 연결되곤 한다. 그의 아버지 존은 예수회의 일원이었는가, 셰익스피어는 "은밀한 가톨릭 신자"Recusant Catholic였는가, 그의 자녀들도 그러했는가와 같은 질문들이 맞물려 제기된 바 있다. 셰익스피어의 어머니 메리 아든의 친정은 독실한 가톨릭 집안이었다. 조나단 베이트에 따르면 셰익스피어의 어머니는 "옛 신앙[즉, 가톨릭]을 고수하였던 지역 유지들과 돈독한 네트워크를 형성하고 있었다"고 한다. 반면에 그의 아버지 존 셰익스피어가 가톨릭이었는지를 두고는 상반된 증거들이 제출된 바 있다. 존이 비밀스러운 가톨릭 신자였다는 주장은, 우선 1580년대 밀라노 출신의 추기경이 만들었다는 신언서판tract이 일찍이 발견되었는데 거기에 존 셰익스피어의 이름이 포함되어 있다는 정보에 근거한다. 그런데 이미 18세기 말에 에드먼드 말론은 그 신언서판이 존 조단John Jordan이라는 자에 의해 위조된 것이라고 선언하였다. 현재는 해당 서류 자체가 사라졌으며 그것을 둘러싼 추측성 논의들만 무성할 따름이다. 1592년 존 셰익스피어가 교회에 나오지 않아 경고를 받았다는 기록 역시 그의 가톨릭 신앙의 증거로 사용되곤 한다. 그러나 앞에서 언급했듯이 그의 불출석은 빚을 갚지 못했기 때문이라는 주장이 있다. 셰익스피어의 큰딸 수산나 역시 가톨릭이었다고 강변하는 이들이 있다. 1606년 수산나를 비롯한 20여 명의 스트랫포드 거주자들이 부활절 예배에서 성찬식Communion을 거부했다는 이유로 고발되었다. 그러나 정작 재판이 열렸을 때, 이 고발은 근거 부족으로 기각된다. 한 해 뒤인 1607년 6월 수산나는 청교도 성향이 강했던 의사 존 홀John Hall과 혼인하였으며 성공회 교회였던 스트랫포드의 성삼위일체교회에서 예식을 올린다. 존 홀은 캠브리지 대학에서 학사와 석사를 받은 의사로서 1600년경부터 스트랫포드에서 개업하고 의술을 펴왔다. 이런 이유로 수산나가 은밀한 가톨릭 신자였을 것이라는 주장도 배척을 받는다. 셰익스피어와 그의 가족이 과연 은밀한 가톨릭 신자였는지에 대한 논쟁은 종종 그의 희곡 작품 속에 등장하는 종교에 대한 재현을 주요 증거로 동원하곤 한다. 가톨릭 신부들이 다소 긍정적으로 그려지면 그것이 곧바로 그의 종교관의 증거로 인용되는 것이다. 『십이야』의 말볼리오Malvolio같은 청교도 성향의 인물이 조롱당하는 장면은 그가 프로테스탄티즘과 거리를 두었다는 증거가 된다. 작품의 내용이나 사건을 작가의 신념과 내면을 확인하는 증거로 사용하는 접근법은 여러 가지 문제를 야기한다. 여기에서는 작품의 인물과 사건을 셰익스피어 개인의 삶과 조건을 해명하는 열쇠로 삼는 이런 식의 접근법이 문학과 작가에 대한 매우 편협하고 지나치게 단순한 이해의 소산이라는 것만 지적하고 넘어가도록 하자.

셰익스피어, 런던에 가다

정확한 경로는 알 길이 없지만, 아무튼 셰익스피어가 1580년대 말이나 1590년대 초반 런던에 도착해 극단의 언저리에서 활동을 시작했던 것은 거의 확실해 보인다. 최초의 셰익스피어 전기라 부를 수 있는 니콜라스 로우Nicholas Rowe의 「윌리엄 셰익스피어 씨의 생애에 관한 어느 설명」(Some Account of the Life & c of Mr. William Shakespeare, 1709)에는 그의 생애에 대한 기본적인 사실들과 스트랫포드에 떠돌던 전설같은 풍문들이 함께 실려 있다. 예를 들면, 스트랫포드 인근에서 매우 유력한 인물이었던 토마스 루시 경Sir Thomas Lucy의 영지(Park)에서 셰익스피어와 그의 친구들이 몰래 사슴사냥을 하다 들통이 났으며, 그 직후 처벌을 피하기 위해 고향을 몰래 떠났다는 언급이 나온다. 게다가 셰익스피어는 재기넘치는 시인답게(?) 야반도주를 하면서도 토마스 루시의 옹졸함을 풍자하는 발라드를 남겼다는 것이다. 그러나 이후의 학자들의 연구에 따르면 토마스 루시에게는 영지가 따로 없었다. 이런 소문이 언제 생겨났는지는 알 수 없으나, 셰익스피어가 고향을 떠난 과정을 드라마틱하게 만들려는 의도가 드러나는 대목이다. 셰익스피어 사후에 그의 명성이 점진적으로 커져가는 것에 비례해서, 그와 관련된 수많은 전설과 의심쩍은 에피소드들이 다수 만들어지고 확대 재생산된다.

예컨데, 이런 에피소드도 있다. 미들 템플The Middle Temple 법학원의 학생이었던 존 매닝햄John Manningham,?~1622이 남겼다는 1601년 3월 13일자 일기에는 셰익스피어와 관련된 다음과 같은 일화가 기록되어 있다. 매닝햄이 자신의 친구 에드워드 컬Edward Curle로부터 전해 들었다는 이 이야기는 재기 넘치는 탕아라는 셰익스피어 이미지를 만들기 위한 것으로 보인다.

> [리차드] 버비지Richard Burbage가 리차드 3세를 연기했을 때의 일인데, 그에게 푹 빠졌던 어느 여인이, 극장을 떠나기 직전에 버비지에게 연통을 넣었다. 그날 밤 리차드 3세라는 가명으로 자기 침실로 찾아오라는 것이었다. 우연히 이것을 엿들은 셰익스피어가 미리 그녀를 찾아갔으며, 버비지가 도착하기 전에 재미를 흠뻑 맛보았다. 그때 리차드 3세가 문 앞에 당도했다는 전갈이 도착하자, 셰익스피어는 정복자 윌리엄William the Conqueror이 리차드 3세보다 먼저 도착하였으니 그냥 돌아가라고 회답을 보냈다.

이런 종류의 믿거나 말거나 하는 가십들이 적지 않게 유통되어 왔다. 특히 18세기 후반 여러 위조 사건들과 더불어 그럴듯한 소문이 숱하게 만들어졌다. 18세기에 퍼진 소문 중에는 런던 소재 극장의 주요 후원자 중 한 사람의 마굿간에서 말을 돌보며 허드렛일을 하던 셰익스피어가 우연하게 극단에 들어가는 과정을 말해주는 내용도 있다.

셰익스피어가 언제 어떤 이유로 스트랫포드를 떠나 어떤 경로를 거쳐 런던에 정착했는지는 정확히 알기 어렵지만, 그에 관한 기록이 최초로 등장하는 1582년경에는 런던에서 어느 정도 인정을 받는 배우 겸 작가가 되었던 것은 분명하다. 캠브리지 대학 출신의 재사였던 로버트 그린Robert Greene이 죽음의 문턱에서 남겼던 이야기를 담은 산문집 『그린의 열푼짜리 지혜』*Greene's Groats-worth of Witte*에는 배우이자 극작가 셰익스피어에 대한 질시와 힐난의 문장이 남아 있다. 역병의 창궐로 극장이 폐쇄되었던 1592–1593 사이에 셰익스피어는 두 권의 시집(『비너스와 아도니스』와 『루크레스의 겁탈』)을 출간하였으며, 이를 통해 시인으로서의 명성을 얻게 되었다. 위의 두 시집과 더불어 셰익스피어의 『불사조와 비둘기』*The Phoenix and the Turtle*, 1601를 출판했던 인쇄업자 리차드 필드Richard Field는 셰익스피어보다 3살 많은 스트랫포드 출신이었다. 두 사람의 교우관계를 증명하는 직접적인 증거는 없지만, 셰익스피어 시집 세 권의 출간에 관여한 인쇄업자가 스트랫포드 출신이었다는 사실은 스트랫포드 셰익스피어가 진짜라고 믿는 사람들에게는 의미 있는 정보다.

두 편의 시집을 제외한다면, 1597년 이전에 출간된 셰익스피어의 희곡들은 그의 이름이 언급되지 않은 채 출판되었다. 예를 들어, 셰익스피어 희곡 중에서 최초로 출판된 작품으로 여겨지는 『타이터스 앤드로니커스』*Titus Andronicus*는 1594년에 출판되었던 표지에 셰익스피어의 이름이 언급되지 않는다.

THE
MOST LA-
mentable Romaine
Tragedie of Titus Andronicus:
As it was Plaide by the Right Ho-
nourable the Earle of *Darbie*, Earle of *Pembrooke*,
and Earle of *Sussex* their Seruants.

LONDON,
Printed by Iohn Danter, and are
to be sold by *Edward White & Thomas Millington*,
at the little North doore of Paules at the
signe of the Gunne,
1594.

그림 5 1594년 제 1 사절판 『타이터스 앤드로니커스』 표지

〈그림 5〉에서 확인할 수 있듯이, 1594년 1월에 처음 공연되고 같

은 해 출판되었던 『타이터스 앤드러니커스』 제 1사절판 표지에는 제목이 가장 큰 서체로 적혀 있고, 그 다음으로 공연을 했던 극단 이름, 인쇄업자 이름, 그리고 판매업자 이름이 등장하지만 정작 작가 셰익스피어의 이름은 없다. 하지만 1598년부터는 셰익스피어 작품들의 겉표지에 그의 이름이 작가로 표기된 작품의 출판이 이뤄지기 시작하였다.

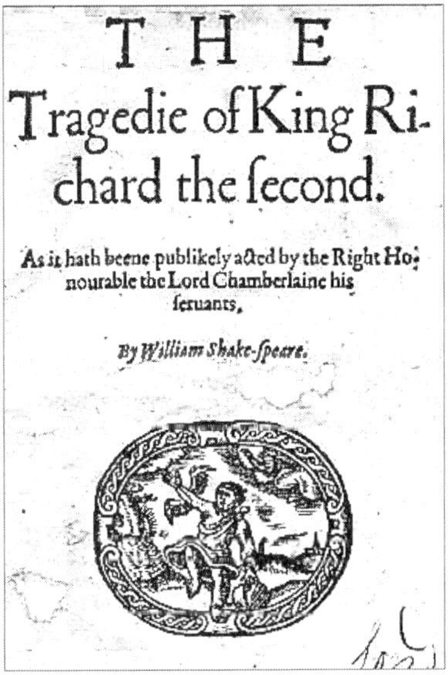

THE
Tragedie of King Ri-
chard the ſecond.

As it hath beene publikely acted by the Right Ho-
nourable the Lord Chamberlaine his
ſeruants.

By William Shake-ſpeare.

그림 6 1598년 출판된 『리차드 2세』 제 1 사절판 표지

『리차드 2세』*Richard II*, 『리차드 3세』*RIchard III*, 『사랑의 헛수고』*Love's Labour's Lost*와 같은 작품들이 좋은 예이다. 즉, 이 작품들

이전에 출간된 희곡들도 많았지만, 1598년에야 비로소 셰익스피어의 이름이 책의 판매에 중요한 동력이 되었음을 암시한다. 1594년경의 셰익스피어는 아직 무명에 가까웠기에 표지에 나오지도 못했지만, 유명세를 얻게 되고 작가의 이름이 책의 판매에 도움이 된 이후로는 사정이 달랐던 것이다. 『타이터스 앤드로니커스』 첫 사절판과 달리, 1598년 작품에는 저자 셰익스피어의 이름이 눈에 띄게 표시되는 이유다.

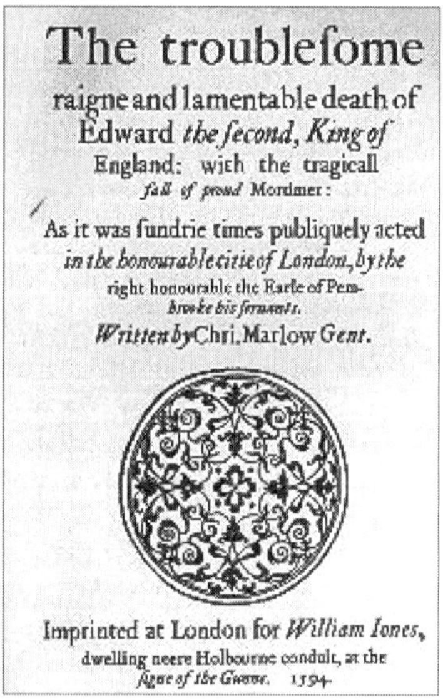
The troubleſome
raigne and lamentable death of
Edward *the ſecond, King of*
England: with the tragicall
fall of proud Mortimer:

As it was ſundrie times publiquely acted
in the honourable citie of London, by the
right honourable the Earle of Pem-
brooke his ſeruants.
Written by Chri. Marlow Gent.

Imprinted at London for *William Iones,*
dwelling neere Holbourne conduit, at the
ſigne of the Gunne. 1594.

그림 7 1594년 출판된 크리스토퍼 말로우의 사절판
『에드워드 2세』*Edward II* 표지

『타이터스 앤드로니커스』와 같은 1594년에 출판되었지만 크리스토퍼 말로우의 『에드워드 2세』는 사정이 달랐다. 〈그림 7〉에서 볼 수 있는 것처럼 중앙에 제법 큰 폰트로 작가의 이름이 명기되어 있다. 말로우는 1590년대 초반에 이미 당대 최고의 작가로서 상당한 인기를 구가하고 있었다. 또한 그가 이미 사망한 이후에 출판된 작품이라는 점도 고려가 되었을 것이다.

셰익스피어는 런던에 정착한 후에도 자신의 가족들이 살고 있던 고향 스트랫포드를 지속적으로 방문하였고, 상당 기간을 그곳에서 머물기도 했던 것으로 보인다. 셰익스피어와 관련하여 남아 있는 공식 자료의 상당 부분은 스트랫포드와 런던에서 이루어진 부동산 거래 내역이다. 셰익스피어는 1597년 스트랫포드의 뉴하우스New House를 구입하였는데, 당시 이 저택은 스트랫포드에서 두 번째로 큰 저택이었다. 그의 재정적 성공을 증거하는 이 저택에서 사망할 때까지 거주한 것으로 여겨진다. 뉴 하우스에는 두 개의 정원과 두 채의 외양간이 딸려 있었으며, 스트랫포드 사람들은 이 집을 대저택The Great House으로 불렀다. 1643년 여왕 헨리에타 마리아Henrietta Maria가 옥스퍼드로 행차하던 길에 이 집에 머물렀다는 기록이 남아 있다. 19세기 말 조셉 헌터Joseph Hunter, 1783–1861는 셰익스피어가 13실링 4펜스의 세금을 체납했다가 벌금을 냈다는 기록을 찾아내기도 하였다. 1601년에는 아버지 존 셰익스피어가 사망한 후 어머니가 거주하던 헨리 스트리트의 집,

즉 현재 셰익스피어의 생가로 알려진 집도 유산으로 물려받았을 것으로 추정된다. 1602년 5월 1일에 107에이커에 해당하는 농경지를 구입하기 위해 320파운드를 지불한 기록이 남아 있다. 같은 해에 오두막 한 채와 1/2에이커의 정원을 구입하였는데, 오두막은 하인들의 숙소로 사용되었을 것으로 추정된다. 1605년에는 랄프 후보드Ralph Hubaud라는 사람으로부터 스트랫포드와 인근지역의 소작조세권lease of tithes을 사들였는데, 여기에서 연 60파운드의 추가 소득을 올릴 수 있었다. 1608년에는 존 아덴부룩John Addenbrooke에게서 6파운드의 빚을 돌려 받기 위해 송사를 벌이기도 했고, 1년여의 재판 끝에 원금에 더해 이자 24실링을 보상받았다는 기록도 남아 있다.

이런 여러 차례의 부동산 거래 기록은 물욕이 가득한 노회한 인물을 상상하게 만들고, 안티 스트랫포드 주의자들의 가짜 셰익스피어설의 중요한 논리적 근거로 동원되곤 한다. 하지만 여기서 분명한 사실은 셰익스피어가 경제적인 성공을 거두었다는 점일 뿐이다. 그가 배우이자 극작가로서, 그리고 투자자로서 제법 커다란 성공을 거두었다는 증거는 아주 많다. 그의 재정적 성공은 1594년 로드 체임벌린 극단Lord Chamberlain's Men의 주역이 되었을 때부터 시작되었다. 처음 어떻게 투자 재원을 마련했는지에 대한 의구심은 남아 있지만, 어떤 계기였든지 1594년 셰익스피어가 새로 출범하는 극단의 주역이자 주요 주주의 한 사람이 되었다는 것은 확실하다. 시인으로서, 배우로서, 혹은 극작가로서는 결코 얻기 어려운 상당한 부를 극단의 주식 소유를 통해 축적할 수 있었다. 로드 체임벌린 극단은 제임스 1세가 영국의 왕위에 등극한 이후 킹즈맨King's Men으로 바뀌었다.

이외에도 1612년 소송의 증인으로 소환되어 법정에 출두한 기록이 남아 있다. 셰익스피어는 1598년부터 1604년 사이에 실버 스트리트Silver Street의 크리스토퍼 몬조이Christopher Mountjoy 집에서 하숙을 했던 것으로 보인다. 그런데 몬조이와 그의 사위 스티븐 벨롯Stephen Bellot 사이에 송사가 벌어지게 되고, 1612년 관련된 재판의 증인으로 셰익스피어가 출석을 요구받았던 것이다. 이 재판 기록에 증인으로 등장하는 셰익스피어는 정작 소송 쟁점에 대해서는 기억나는 것이 별로 없다는 증언 외에 별다른 말을 남기지 않았다. 찰스 니콜Charles Nicholl같은 최근 전기 작가는 이 송사를 근거로 실버 스트리트의 하숙생 셰익스피어의 모습을 추적하려고 시도한 바 있다. 1613년의 그의 행적에 관한 기록으로 두 가지가 더 발견되었는데, 모두 금전 거래와 관련된다. 1613년 5월에는 런던의 블랙프라이어즈 게이트 하우스The Blackfriars' Gate House를 140파운드에 구입했다는 문서가 있고, 왕위계승일King's Accession Day기념 마창시합에 참석했던 러트랜드 백작Earl of Rutland을 위하여 문장impresa을 만들어 주고 대가로 44실링의 금화를 받았다는 기록이 있다. 이처럼 셰익스피어의 행적과 관련되어 현재까지 남아 있는 대부분의 기록은 세례, 결혼, 죽음, 재판, 그리고 특히 금전적인 거래와 관련된 공적인 문서들 뿐이다.

셰익스피어는 1613년경 자신의 고향인 스트랫포드로 낙향한 것으로 보이지만, 런던의 연극계와 완전히 결별한 것 같지는 않다. 흔히 『폭풍우』를 그의 마지막 작품으로 간주하는 경향이 있는데, 극중의 프로스페로가 책과 마법을 포기하는 장면과 셰익스피어의 은퇴를 겹쳐 읽으려는 것은 지나치게 자의적이고 감상적인 해석일 따름이다. 실제로 셰익스피어는 프로스페로의 경우처럼 극장 및 극작 활동으로부터 완전히 결별한 것이 아니라, 몇몇 작가들과의 공동 작업을 상당기간 이어갔던 것으로 보인다. 예를 들어 존 플레쳐John Fletcher, 1579–1625와 함께 『헨리 8세』와 『두 귀족 친척』을 만들었으며, 지금은 이름으로만 알려지고 텍스트는 사라져 버린 『카르데뇨』*Cardenio*라는 작품도 그와 공동으로 작업했던 작품으로 알려져 있다. 플레쳐는 셰익스피어 이후 킹즈맨 극단을 대표하는 극작가였다.

셰익스피어는 1616년 4월 23일 사망한다. 53세였으며, 유언장을 작성한지 불과 한 달 만에 사망했다. 일반적으로 1564년 4월 23일에 태어난 것으로 여겨지니, 생일에 사망한 셈이다. 물론 앞서 언급한 것처럼 그가 4월 23일에 태어난 것이 맞다고 인정하는 경우에 그렇다. 그의 시신은 그가 태어나 세례를 받았던 성 삼위일체 교회에 묻혔다.

그림 8 성 삼위일체 교회 안의 셰익스피어 무덤

성 삼위일체 교회의 셰익스피어 무덤. 셰익스피어 무덤 속에 실제로 셰익스피어가 묻혀 있는지 확인할 길은 없다. 교회 밖의 공동묘지가 아니라 교회 내부에 인정되기 위해서는 상당액의 비용을 지불해야 하는데, 그가 비용을 지불했는지도 알려져 있지 않다. 무덤의 석판 위에는 다음과 같은 문장이 새겨져 있다.

> 멋진 친구여, 예수님께 맹세코 제발
> 이곳에 묻힌 먼지더미를 파헤치지 말아다오.
> 여기 석판을 지켜 주는 자에게는 축복이,
> 내 뼈를 옮기는 자에게 저주가 있으라.

이런 저주 때문인지 셰익스피어의 무덤은 오늘날까지 발굴되지 않은 채 유지되고 있다. 무덤의 저주와 관련된 수많은 전설과 함께.

셰익스피어의 장례기념비Shakespeare's Funerary Monument라 불리는 기념물이 스트랫포드의 성 삼위일체 교회의 북쪽 벽면에 조성되어 있다. 정확한 조성 연대는 확정할 수 없지만, 대략 1623년 제 1 이절판 출간 이전인 것으로 짐작된다. 레너드 딕즈Leonard Digges의 헌정시에 등장하는 "그대의 스트랫포드 기념물" thy Stratford moniment이라는 표현은 이 기념비가 제 1이절판과 여러모로 비교되었음을 짐작케 한다. 셰익스피어 사망 직후에 만들어진 것은 확실하다. 흉상의 인물은 한 손에는 펜을, 다른 한 손에는 종이를 들고 있으며, 제라드 존슨Geard Johnson이 조각한 것이다. 이 기념비는 1748–49년에 재건되었고, 18세기 이후 여러 차례 보수공사와 도색 과정을 거친 바 있다.

교회에 보관된 그의 죽음에 대한 기록에는 사망의 원인, 즉 그가 병으로 죽었는지 혹은 자연사를 했는지라거나, 그의 장례식은 치러졌는지, 치러졌다면 어떤 이들이 참석했는지와 같은 세부적인 내용에 대해 알려 주는 바가 전혀 없다. 반세기가 지난 후 스트랫포드 교구 목사 존 워드John Ward는 "드레이튼, 벤 존슨, 셰익스피어가 함께 떠들썩한 밤을 보내고 난 후 그에게 열병이 생겼고 사망에 이르렀다."는 기록을 남긴다. 하지만 이는 떠돌던 소문의 기록일 가능성이 많다. 다만 그의 딸 주디스가 2월에 결혼하고, 3월에 유언장을 작성한 사실로 미루어 자신의 죽음을 미리 예견하고 준비하고 있었으리라는 것을 추측할 수 있다.

그림 9 셰익스피어 장례 기념비와 그의 흉상

성 삼위일체 교회에 세워진 이 흉상 아래의 기단에는 두 개의 독립된 문구가 적혀 있는데, 첫 번째 문장은 라틴어로 쓰였으며 그 뜻을 번역하면 "판단력에서는 네스토, 재능에는 소크라테스, 예술성에는 버질에 필적하는 그가 여기에 묻혔으니, 사람들이 슬퍼하고, 올림푸스의 신들은 그를 받아들였도다."라는 내용이다. 아래 쪽의 좀 더 긴 시구는 다음과 같은 내용이다.

> 과객은 걸음을 멈추시게, 어찌 그리 빨리 지나가려 하는가?
> 한 번 읽어보게나, 시기심 많은 죽음이 누구를 안장했던가.
> 이 기념물 안에 셰익스피어가 있네.
> 그와 함께 재기 가득한 자연도 죽었네.
> 무덤 장식에 많은 경비가 들었지만,
> 그의 이름은 비용을 훨씬 능가한다네.
> 그가 써놓은 글은 살아 있는 예술로 남고,
> 서책들만이 그의 재치를 보여주네.

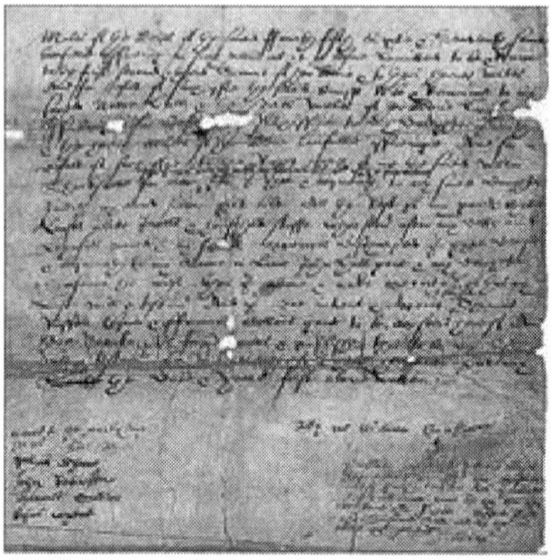

그림 10 셰익스피어의 유언장

셰익스피어의 서명이 들어 있는 유언장이 1737년에 발견되었다. 총 3장으로 이루어진 유언장은 1616년 3월 25일에 서명이 되었고, 6월 22일에 공식적인 승인이 이뤄졌다.

1737년에 발견된 셰익스피어의 유언장은 여러모로 논쟁의 중심에 있었다. 3장의 유언장에는 우리에게 널리 알려진 문구, 자신의 아내에게 "두 번째로 좋은 침대를 물려준다"는 표현이 적혀 있다(I give unto my wife my second-best bed with the furniture). 여기에서 "furniture"란 일반적이 가구가 아니라 침대를 장식하는 휘장, 침대보, 침대 커튼과 같은 침대 장식물을 의미한다. 아내와 관련된 유언장의 내용에 대해, 아내에 대한 무관심 혹은 심지어 아내에 대한 조롱이 들어 있다고 주장하는 이들이 많다. 반면에, 어떤 이는 이런 침대는 특별한 둘만의 추억이나 감정이 스며들어 있을 수 있으며, 따라서 부부의 애정이 담겨 있는 표현이 될 수도 있다고 변호하기도 한다. 한 가지 기억해야 할 점은, 17세기의 법률에 따르면 사망한 남편의 부동산과 재물의 3분의 1은 미망인에게 귀속되게 되어 있어서 유언장에 그것과 관련된 내용을 기입할 특별한 이유는 없었다고 한다. 그렇다면 아내에 대한 유명한 구절이 감정의 차원과 연결되는 것이라고 판단할 여지는 충분하다.

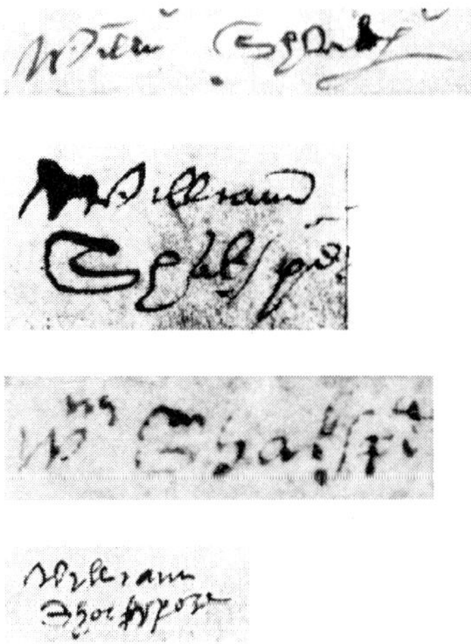

그림 11 셰익스피어의 서명들

셰익스피어의 서명은 1737년 그의 유언장을 시작으로 현재까지 총 6개가 발견되었다. 그런데 각각의 서명에서 철자들이 제각각이다. 이런 이유로 종종 제대로 서명도 못하는 "무식한" 셰익스피어의 증거로 여겨진다. 그러나 진짜 셰익스피어 후보로 종종 거론되는 크리스토퍼 말로우는 캠브리지 대학에서 석사까지 마쳤지만, 그 역시 서명할 때마다 철자를 조금씩 다르게 썼다. 철자법이 표준화되지 않았고 변화가 심했던 당시의 상황이 고려되어야 한다.

셰익스피어에 관한 최초의 전기는 니콜라스 로우의 「윌리엄 셰익스피어 씨의 생애에 관한 어느 설명」이다. 물론 로우 이전에도 존 오브리의 저술이 집필되었지만, 오브리의 책이 완간된 것은 19세기일 뿐더러, 기록된 내용도 소문과 추측성 에피소드가 대부분이라 전기라 부르기 민망하다. 오브리의 책 일부는 1813년에 출간된 적이 있지만, 책 전체는 1898년에 비로소 세상의 빛을 보게 되었다.

최초의 셰익스피어 전문 편집자라 불러 마땅한 니콜라스 로우지만 오늘날의 기준으로 보자면 매우 아마추어적인 편집자였다. 8절판Octavo 형태의 총 6권으로 편집된 로우의 셰익스피어 전집은 1685년에 발간된 "제 4 이절판"을 모본으로 삼았다. 로우는 기존에 없었던 무대지시문을 삽입하고, 등장인물Dramatis Personae목록을 포함시켰으며, 맥락상 모호한 내용을 대부분 추측에 의존하여 직관적인 방식으로 수정하였다. 그런 한계에도 불구하고, 로우 자신이 '편집자'로서 잘못되었다고 판단한 부분을 '바로잡고' 불분명한 부분을 적극 '수정'하려 했다는 점에서, 말하자면 편집자가 주도적으로 개입하였던 최초의 전문적인 셰익스피어 전집이라 하겠다. 그렇게 편집하였던 『셰익스피어 전집』*Works of Mr. William Shakespeare*의 서문 형태로 셰익스피어의 전기를 포함한 것이었다. 셰익스피어의 생애에 대한 로우의 기록은 셰익스피어가 사망한 지 거의 100년이 흐른 시점에 이루어졌다. 따라서 로우 자신이 직접적으로 듣고 확인할 수 있는 증언이나 일차 정보는 거의 없었다고 봐도 무방하다. 로우의 전기는 연결되지 않는 에피소드들이 나열되고 종종 진실 여부가 확인되지 않는 속설들이 사실들과 섞인 채, 진위 판단 없이 묶여 있다. 소문이나 뒷담화에 가까운 이야기 못지않게, 잘못된 정보도 다수 포함되어 있다. 예를 들면 셰익스피어를 10남매(사실은 8남매였음)의 하나로 설명한다거나, 딸이 셋(실제로는 딸 둘, 아들 하나)이었다고 기술하였다. 로우는 셰익스피어의 아내에 관한 기록을 남긴 최초의 전기작가이기도 하다. 그는 셰익스피어의 아내가 "인근에서 제법 부유한 중농층이었다고 알려진 해써웨이 가문의 딸"이었다는 언급을 처음으로 남긴다.

셰익스피어 전기와 관련하여 니콜라스 로우의 뒤를 잇는 18세기 편집자는 에드먼드 말론이었다. 법률가 출신이었던 말론은 셰익스피어의 편집을 한 단계 끌어올린 탁월한 편집자였다. 그는 셰익스피어와 관련된 자료를 맹렬히 수집하였는데, 셰익스피어 전기가 그의 사후 1821년에 『셰익스피어 전집』 2권의 일부로 출간되었다. 셰익스피어 편집자로서 말론의 가장 중요한 업적을 꼽자면, 하나는 셰익스피어 희곡의 창작 연대를 확정하는 데 많은 노력을 기울였고, 모든 작품을 창작 연대순으로 정리했다는 점이다. 두 번째로는, 셰익스피어의 희곡과 더불어 시작품을 함께 편집하는 전통을 처음 도입하였다는 점이다. 그전까지는 셰익스피어의 희곡만이 전집에 포함되었다. 말론은 1780년대 처음 전집 출판을 시도하였고, 제임스 보스웰과 공동 작업을 했던 새로운 『셰익스피어 희곡 및 시집』*Shakespeare's Plays and Poems*은 그의 사후 1821년에서야 빛을 보게 된다. 그런데 셰익스피어 원저자 논쟁과 관련하여 말론의 공과는 정작 다른 데 있다. 말론은 어떤 다른 편집자보다 셰익스피어의 생애에 관한 자료를 열정적으로 수집하였다. 그가 새롭게 발굴한 자료도 적지 않다. 그런데 문제는 말론을 전후하여 셰익스피어의 사적이고 내밀한 순간을 찾으려는 노력, 그리고 시인의 감정과 정서, 아픔과 격정의 순간을 발견하려는 시도가 활발해졌다. 셰익스피어 생애와 관련된 흔적을 복원하려는 시도들은 자료 수집의 광기, 즉 위조된 자료들의 도래를 예견하게 만드는 것들이다. 의도했던 의도하지 않았던, 말론의 편집과 전기는 작품 속의 일화들을 내면의 증거로 이해하려는 셰익스피어 접근법이라는 판도라의 상자를 열었다. 이와 같은 작품 해석의 경향은 셰익스피어를 신격화하는 움직임과 궤를 같이한다. 소네트의 인기 급증도 이런 맥락과 관련 있다고 보아도 좋을 것이다. 적어도 18세기 중반 이전에는 셰익스피어의 작품을 셰익스피어의 사생활, 내면, 경험과 직접적으로 연결시키려는 시도가 거의 없었다. 그런데 말론의 편집 방침과 전기적 사실의 발굴 시도가 사적인 내면의 기록으로 셰익스피어의 작품을 바라보는 시대를 열어놓은 것이다. 혹은 그 반대로 말해, 그와 같은 새로운 관점이 도래하였음을 말론의 시도가 증언하는 셈이다. 1830년대에 이르면 아마추어와 전문가 구분 없이 셰익스피어의 작품에서 개인 셰익스피어의 흔적을 찾는 일에 혈안이 된다. 말론의 전집 발간 이후 셰익스피어 전기 출간은 급격히 증가했다는 사실도 이런 맥락에서 이해할 수 있다.

그림 12 셰익스피어의 "제 1이절판"The First Folio 전집 표지

셰익스피어의 오랜 동료였던 배우 존 헤밍즈와 헨리 콘델이 1623년에 출간한 제 1 이절판 전집에는 총 36편의 희곡이 상재되어 있다. 작품들은 희극, 역사극, 비극이라는 장르별로 분류되어 있으며, 여기에 실린 작품 중에서 18편은 그 이전에 출간된 적이 없었던 작품들이다. 수록된 작품은 다음과 같다. 처음 출판된 작품에는 별표를 붙였다.

희극 14편: 1) 폭풍우, 2) 베로나의 두 신사, 3) 윈저의 즐거운 아낙들*, 4) 자에는 자로, 5) 실수연발, 6) 공연한 헛소동*, 7) 사랑의 헛수고*, 8) 한여름 밤의 꿈*, 9) 베니스의 상인*, 10) 당신 좋으실 대로, 11) 말괄량이 길들이기, 12) 끝이 좋으면 다 좋아, 13) 십이야, 14) 겨울이야기

역사극 10편: 15) 존 왕, 16) 리차드 2세*, 17) 헨리 4세 1부*, 18) 헨리 4세 2부*, 19) 헨리 5세*, 20) 헨리 6세 1부, 21) 헨리 6세 2부*, 22) 헨리 6세 3부*, 23) 리차드 3세*, 24) 헨리 8세

비극 12편: 25) 트로일러스와 크레시다*, 26) 코리올레이너스, 27) 타이터스 앤드로니커스*, 28) 로미오와 줄리엣*, 29) 아테네의 타이먼, 30) 줄리어스 시저, 31) 멕베스, 32) 햄릿*, 33) 리어 왕*, 34) 오셀로*, 35) 안토니와 클레오파트라, 36) 심벌린

02

셰익스피어는 가짜인가?: 음모론 시대의 원저자 논쟁

02

셰익스피어 원저자 논쟁의 전사(前史)

왕정복고 이후 1660년대 런던의 극장들이 혁명기의 쇠퇴를 딛고 재건에 박차를 가할 때, 셰익스피어의 작품들은 당장이라도 무대에 올릴 수 있는 완벽하게 준비된 시나리오였다. 혁명기 동안 극장 문화가 전체적으로 쑥대밭이 되어 있던 상황에서, 엘리자베스 시대와 제임스 1세 시대의 희곡 작품들은 약간의 수정과 각색 과정을 거쳐 무대에 올려졌다. 왕정복고 직후에는 셰익스피어 작품을 원본 그대로 무대에 올리기보다는 각색의 형태로 재창조하는 것이 유행하였다. 이런 상황은 셰익스피어의 인기를 다시 되살려 놓은 계기가 되기는 했지만, 동시에 그의 작품이 다양한 방식으로 변형되고 해체되고 수정되는 과정을 수반하였다. 그런데 18세기에 들어서면서 셰익스피어를 대하는 전반적인 분위기가 바뀌게 된다. 셰익스피어 작품이 원본에 충실하게 재현되기 시작했을 뿐만 아니라 그를 민족시인이자 시인의 총아로 간주하는 일종의 셰익스피어 우상화 태도가 생겨나기 시작한 것이다. 소위 시인숭배Bardolatry라고 불리는 이러한 관점과 태도의 발생은, 그 이후의 셰익스피어 수용과 해석의 역사를 근본적으로 바꾸어 놓았다. 우선 셰익스피어 텍스트를 편집하고 오류를 수정하며 "셰익스피어의 원형"Archetypal Shakespeare를 회복하려는 여러 시도가 이루어진다. 셰익스피어 작품의 편집에 뛰어들어 원본과 작가의 "진의"를 복원하고자 했던 18세기 셰익스피어 편집자들로 다음과 같은 이들이 있다.

1709년 니콜라스 로우
1725년 알렉산더 포프Alexander Pope
1733년 루이스 씨어발드Lewis Theobald
1744년 토마스 핸머Thomas Hanmer
1747년 윌리엄 와버튼William Watburton
1765년 사무엘 존슨Samuel Johnson
1768년 에드워드 카펠Edward Capell
1773년 조지 스티븐스George Stevens
1790년 에드먼드 말론

개별 작품에 대한 산발적인 편집 출판을 제외하고도 이렇게 많은 전집 편집 및 출간이 18세기에 이루어졌다는 사실은 셰익스피어에 대한 관심이 폭발적으로 증가하였으며 학술적으로도 대중적으로도 대단한 인기를 누렸다는 사실을 증언한다. 셰익스피어 희곡에 대한 점증하는 관심에 걸맞게 작가 셰익스피어에 대한 숭배도 커져 갔으며, 그의 생애와 관련된 흔적을 발굴하려는 다양한 시도들이 이뤄지기 만개하였다. 그리고 그것은 셰익스피어를 다른 동시대 작가들과 완전히 구별되는 "시성"The Bard의 자리로 올려놓으려는 노력과 맞물렸다. 18세기 후반에는 영국의 문학계를 혁신하려는 새로운 낭만주의적 문학관이 전면에 등장하였고, 신고전주의적 문학론을 뿌리에서부터 위협하던 시기다. 신고전주의자들이 바라본 셰익스피어는 기술art은 부족하지만 타고난 능력nature은 빼어난 시인이었다. 반면, 낭만주의자들이 보기에 자연의 의미를 이해하고 그 핵심을 문학작품을 통해 구현했던 셰익스피어는 기술이 필요치 않았던 궁극적인 천재 시인이다. 낭만주의자들은 자연을 이해하고 그 핵심을 구현하는 시인이 진정 탁월한 시인이라고 선언한다. 낭만주의의 도래는 셰익스피어 우상화에 기름을 부은 격이었다.

이런 맥락에서 1769년 데이빗 개릭David Garrick에 의해 기획되었으며 9월 6일부터 사흘간 개최되었던 "셰익스피어 탄생 250주년 기념 축제"Shakespeare Jubilee는 셰익스피어 신격화의 역사에 중요한 분수령이 되었던 사건이었다. 실제로는 250주년이 3년이나 지난 다음에 개최되었지만, 셰익스피어의 이름을 전면에 내세운 최초의 축제이자 스트랫포드를 문학사의 지도에 당당히 자리잡게 만든 사건이었다. 셰익스피어를 위대한 영국시인으로 추앙하는 분위기가 충분히 무르익었음을, 그리고 그의 신격화가 일정한 수준에 도달했음을 보여주는 상징적 사건이었다. 그런 점에서 보면 개릭의 축제 기획은 셰익스피어를 우상화하는 사회적 분위기에 편승한 것이기도 하다. 개릭은 당대 최고의 배우이자 연출가로서 스트랫포드에서 열렸던 연희행사를 기획하고 연출하였는데, 나중에 행사 내용을 런던의 드루리 레인Drury Lane극장으로 옮겨 90회 공연을 했을 만큼 엄청난 인기를 누리고 대중의 관심을 끌었다고 한다.

말론 이후 전기작가들은 스트랫포드와 런던의 온갖 고문서 서고를 뒤지고 다니며 기록을 발굴하였다. 예를 들어 할리웰 필립스James Orchard Halliwell–Phillips, 1820–1889는 1848년 자신의 새로운 발견을 담은 『셰익스피어의 생애』*The Life of Shakespeare*라는 책을 출간한다. 그는 셰익스피어가 1604년 약제사 필립 로저스Philip Rogers와 시비에 휘말렸다는 자료를 찾아내는데, 맥아(malt) 20 부셸을 두고 송사를 벌였다는 내용이다. 그는 이 자료를 셰익스피어의 탐욕과 무자비함을 드러내는 증거로 제시한다. 맥주를 만들기 위해 곡식을 쌓아두었던 그 시점에는 많은 스트랫포드 주민들이 흉년으로 고통받고 있었다는 사실을 대비시킴으로써, 셰익스피어를 샤일록과 같은 인물로 묘사한다. 위대한 천재작가라면 재물에 욕심이 없어야 하고, 아니 심지어 궁핍해야 하는데 그에 관해 남아 있는 대부분의 공문서들은, 내면에 침잠하고 성찰하는 천재 작가 셰익스피어가 아니라, 이처럼 재물에 밝고 이익을 위해 송사도 일삼는 시정잡배에 가까운 인물로 상상하게 만든다. 이런 자료들은 작가로서의 셰익스피어와 사업가로서의 셰익스피어의 분열적 이미지를 만들어 내는 데 공헌했다. 제임스 샤피로가 설득력 있게 요약한 것처럼, 우리 앞에는 마치 두 명의 완전히 다른 셰익스피어가 서 있는 듯 하다.

> 셰익스피어의 생애를 둘러싼 이분법적 긴장이 존재한다. 런던의 극작가와 스트랫포드의 흥정꾼, 프로스페로Prospero 셰익스피어와 샤일록Shylock 셰익스피어, 자전적인 시와 희곡에 드러나는 섬세한 인간과 세금, 재판, 부동산 거래 기록에 등장하는 물질주의적 인간, 그리고 신격화된 인간과 실망스러울 정도로 평범한 인간.

셰익스피어의 생애에 관한 기록들이 보여주는 건조한 물질주의와 그의 작품들이 천착하는 깊이 사이에는 메울 수 없는 간극이 있다. 우상화된 셰익스피어와 기록을 통해 만나는 세속적인 인간 사이의 간극이 셰익스피어 원저자 논쟁을 촉발시킨 계기였다.

말론 이후, 셰익스피어와 관련된 자료 발견은 경쟁적일 뿐만 아니라 사뭇 열풍이라 부를 만한 것이었다. 예를 들어, 로버트 벨 휠러Robert Bell Wheler, 1785–1857는 21살이던 1806년부터 스트랫포드와 셰익스피어와 관련된 책을 출간하기 시작해서 제법 명성을 쌓았다. 그리고 1824년에 출간한 책 『셰익스피어의 생가에 대한 역사적 시술』*An Historical Account of the Birth-place of Shakespeare*에서 자신이 발견한 몇 가지 자료를 세상에 선보였다. 그 중 하나는 셰익스피어가 연루된 두 장의 부동산 거래 계약서였으며, 다른 하나는 두 번의 재판기록이었다.

1835년에는 존 페인 콜리어John Payne Collier, 1789–1883가 자신의 새로운 발견을 선언하는 책을 출간하였다. 그의 『셰익스피어의 생애에 과한 새로운 사실들』*New Facts Regarding the Life of Shakespeare*에는 다음과 같은 새로운 정보들이 실려 있었다.

(1) 셰익스피어가 적어도 1589년경부터 블랙프리이어즈 극장을 운영하던 제임스 버비지 소유 극단의 주주shareholder였음을 암시하는 기록
(2) 셰익스피어가 소유히던 극징주식 가지가 말년에는 약 1400 파운드(오늘 날의 가치로 환산하면 약 2백만 파운드 정도)에 이르렀다는 기록
(3) 1610년 제임스 1세로부터, 다른 세 명과 함께 "국왕 폐하의 소년들이라는 불리는 극단의 구성원"으로서 "비극과 희극"

공연을 해도 좋다는 허가서

그러나 현대의 연구자들에 따르면, 콜리어는 매우 주도면밀한 위조자였다. 위에 언급한 내용과 관련된 법률 및 거래 관계 자료는 대부분 진짜였던 반면, 극장 및 창작과 관련된 내용들은 전부 날조라는 평가를 받는다.

콜리어의 위작이 사실과 허구의 교묘한 짜깁기의 형태를 취했다면 아예 노골적으로 위조를 시도한 경우도 나타났다. 사무엘 아일랜드Samuel Ireland, 1744–1800의 발견과 위조 사건은 가장 대표적이다. 1794년 11월 그의 아들 윌리엄–헨리 아일랜드William–Henry Ireland는 "Mr. H."라는 익명의 제보자를 통해 셰익스피어의 자필 원고를 손에 넣었다고 발표한다. 특히 이 원고들 중에는 『리어 왕』*King Lear*의 필사원고도 포함되어 있었다. 이와 같은 발견으로 아일랜드 부자는 일약 런던의 명사가 되었으며 대중적 관심의 대상이 되었다. 그러나 회의적이고 비판적인 시각에서 추궁과 검증이 이어지자, 결국 1805년 『윌리엄 헨리의 고백』*The Confessions of William Henry*이라는 책을 통해 자신이 모든 것을 조작했음을 고백하고 잘못을 뉘우친다고 선언한다. Mr. H.는 존재하지 않는 가공의 인물이며, 조작을 했던 까닭은 아버지를 즐겁게 해주고 싶은 효심 때문이었다고 변명했다.

아일랜드의 위조 사건 이후에도 비슷한 일이 여러 차례 벌어졌는데, 1811년에는 리차드 펜튼Richard Fenton, 1746–1821이 『계보 탐구를 위한 여행』*Tour in Quest of Genealogy*이라는 책을 발표하고, 자신이 셰익스피어의 개인 저널을 발견했다고 주장한다. 우연히 웨일즈의 시골마을에서 개최되었던 경매에서 어느 아일랜드인에게 책을 구입하였는데, 그 책들 중에 셰익스피어의 저널과 편지들이 포함되어 있었다는 것이다. 이런 정보를 근거로, 예를 들어 셰익스피어가 어떻게 이태리어를 그렇게 잘 이해하게 되었는지를 설명할 수 있었는데, 그것은 아버지 존 셰익스피어에게 이태리 출신 일꾼이 있었기 때문이라는 것이다. 하지만 얼마 지나지 않아 펜튼의 자료들은 모두 조작된 것으로 밝혀졌다.

셰익스피어에 관한 자료 발굴에 열광적으로 몰두했던 이들의 태도에는 윌리엄 워즈워스William Wordsworth가 "시인의 정신적 성장"the growth of a poet's mind이라 지칭했던 시인의 내밀한 감정의 깊이와 사적인 경험의 축적 과정을 확인하고 싶다는 욕망이 자리하고 있었다고 말해도 좋을 것이다. 하지만, 셰익스피어의 흔적, 혹은 개인 셰익스피어를 발굴하려는 부단한 노력은 곧 난관에 부딪친다. 부재하는 정보의 빈공간을 채우기 위해 일부는 위조와 조작의 유혹에 빠져 들었다. 일부 전기작가는 부족한 정보를 상상력에 의존하거나 역사적 배경에 근거한 추론으로 대체하기도 한다. 18세기 중반부터 19세기 중반에 이르기까지, 100여 년 동안 셰익스피어를 신격화하고 우상화하는 태도가 지배적이 되었을 때, 이것은 그와 관련된 숱한 위조 사건이 발생할 수 있는 조건이 되었다. 이런 기회를 틈타 한몫 잡거나 자신의 명성을 만들려는 자들은 아주 많았다.

셰익스피어 자료 발굴의 열풍이 생산해낸 기록들이 설령 조작되지 않은 경우였다 할지라도, 여전히 문제는 심각했다. 그에 관한 기록들이 기껏 세례, 결혼, 죽음에 관한 교회의 기록, 세금을 연체했다는 기록, 빚쟁이들과 송사한 일, 부동산 거래 내역과 같은 매우 공적이고 무미건조한 내용밖에 없다는 점이었다. 반면에 그의 흔적이 발견될 수 있을만한 작품 원고, 일기, 편지, 친구나 가족의 기록, 메모, 노트와 같은 개인적인 성격의 자료는 어느 것 하나 남아 있는 것이 없었다. 심지어는 그가 어떤 교육을 받았는지도 확실하지 않았다. 그가 문법학교에 다녔을 가능성은 농후하지만, 거기에서 뭘 배웠는지에 대해서도 추측할 수밖에 없었다. 셰익스피어 원저자 논쟁이 처음 시작되었던 1852년 익명의 필자가 『체임버스 에딘버러 저널』*Chambers's Edinburgh Journal*에 게재한 에세이, "누가 셰익스피어 작품을 썼는가?"(Who Wrote Shakespeare?)에 나오는 다음과 같은 질문은 오늘날의 안티 스트랫포드 주의자들에게 여전히 공명을 일으키는 내용이다.

> 셰익스피어의 생애에 관한 기록들에서 만나는 그와 시인 셰익스피어를 연결시켜 줄 어떤 것도 찾을 수 없다는 사실을 해명하는 것보다, 그의 것이라고 간주되는 작품들의 진짜 저자가 셰익스피어가 아니라고 가정하는 것이 더 어려운 일이란 말인가?

조나단 베이트가 증언하듯이, 현재까지 발굴된 셰익스피어와 관련된 공식 문서는 50여 종 이상 존재한다. 그러나 이들 대부분은 공문서라는 점에서 우리가 궁금해 하는 내면 혹은 내면을 구성하는 사적인 영역–즉, 친분, 감정, 관계 등에 관해 말해 주는 바가 거의 없다. 이런 류의 공문서와 거기에 담긴 정보는 인간 셰익스피어, 작가 셰익스피어를 상상하고 이해하는 데 별반 도움이 되지 못한다. 이처럼 그의 개인사에 대해, 그의 내면에 대해, 그의 일상에 대해 알려진 바가 거의 없다는 사실은, 셰익스피어를 시성으로 숭배하는 많은 독자 및 관객들에게 실망스럽기 짝이 없었다. 이때, 그에 관한 사적 기록의 결핍은 곧 그가 가짜라는 증거로 쉽게 둔갑하게 된다. 즉 증거가 없다absence of evidence는 사실이 종종 존재하지 않았다는 증거evidence of absence로 치환되는 논리적 비약이 이뤄진다. 개인사에 대한 기록의 부재야말로 거대한 음모의 증거라는 식의 주장은 예정된 수순이다. 안티 스트랫포드 주의자들에게 이런 정보의 빈공간은 셰익스피어가 가짜라는 주장의 확고한 근거다.

1850년대부터 시작된 가짜 셰익스피어 설은 이후 해를 거듭하며 무한 증식을 시작하였는데, 제임스 샤피로의 계산에 따르면, 1850년부터 1949년까지 약 100여 년 사이에 출간된 원저자 논쟁 관련 서적과 논문의 숫자는 모두 4500여 개에 이를 정도였다고 한다. 셰익스피어가 가짜라는 주장이 탄생한 1850년대는 역설적으로 셰익스피어의 인기와 관심이 가장 절정에 이르렀던 시기이기도 하였다. 그런 의미에서는 아이러니컬하지만 1850년대를 셰익스피어 제2의 황금기라 부를 만하다. 게리 테일러Gary Taylor의 조사에 따르면, 1709년부터 1810년 사이에 출간된 셰익스피어 작품의 판본은 총 65종인 반면, 1851년부터 1860년의 단 10년 동안 출간된 셰익스피어 작품 판본만 162종에 이르렀다고 하니 결코 과장이 아니다.

이제 본격적으로 셰익스피어 가짜설의 주요 논지를 살펴볼 차례이다. 그러나 그 이전에 반드시 검토하고 넘어가야 할 중요한 일화가 있다. 셰익스피어 가짜설의 시발점을 1840년대 말 혹은 1850년대 초로 잡는 것이 일반적인데, 이런 시점을 변경하려는 시도에 관한 것이다. 이것은 베이컨주의자 에드윈 더닝-로렌스Edwin Durning-Lawrence와 관련되어 있다. 베이컨이 진짜 셰익스피어라는 주장이 이미 1785년에 제기되었다는 역사적 근거로 제출된 것이며, 만약 이 주장이 사실이었다면 셰익스피어 가짜설의 기원을 약 70여 년 앞당길 수 있는 의미 있는 자료라 할 수 있다.

윌못의 주장과 코웰의 강의

스트랫포드 근처에 거주하던 옥스퍼드 출신의 사제 제임스 윌못James Wilmot, 1726–1807은 셰익스피어에 관한 자료를 추적하고 있었는데, 누군가 다른 사람이 셰익스피어의 작품을 썼을 것이라는 결론에 도달했다. 그렇지만 자신의 연구 결과를 출판한 적도 없었으며 죽기 직전에는 자신의 모든 연구 자료를 전부 불태워 없앴다. 다만 죽기 직전에 가까운 친구였던 제임스 코튼 코웰James Corton Cowell에게 자신의 발견을 털어놓았다고 한다. 코웰은 친구 윌못의 증거에 설득되어 셰익스피어가 가짜라는 사실을 확신하게 되었다는 것이다. 퀘이커 교도였던 코웰은 이후 윌못의 발견과 주장에 대해 입스위치 철학협회Ipswich Philosophic Society 특별 강연을 통해 대중에게 전파하였다. 코웰은 1805년부터 여러 차례 강연을 하고 다녔으며 이 강연 내용이 기록으로 남아 있다. 이 자료는 현재 런던대학교 세넷하우스의 더닝–로렌스 도서관Durning–Lawrence Library에 보관되어 있다. 베이컨이 진짜 셰익스피어라고 믿었던 더닝–로렌스 소유의 자료가 런던대학교 도서관에 기증되었다.

코웰의 강연록은 앨러디스 니콜Allardyce Nicoll에 의해 1932년 세상에 공개되었다. 니콜은 런던대학교의 이스트런던 칼리지 영문과 교수였으며, 영국희곡 분야의 권위자였다. 코웰의 강연록은, 윌못의 조카딸이었던 올리비아 윌못 세레스Olivia Wilmot Serres가 1813년 집필하였던 전기의 내용과도 맞아떨어지는 것들이었다. 비록 코웰과 윌못의 교우관계에 대해서는 아무런 언급이 없었지만, 윌못이 프랜시스 베이컨을 매우 좋아했으며, 상당한 학식의 소유자였고, 스트랫포드 근처에 거주했으며, 말년에 자신의 연구 결과를 불태웠다는 전기 속의 기록이 코웰의 강연 내용과 일치했다.

그런데 제임스 샤피로의 연구에 따르면, 이 모든 것은 위조였음이 확실하다. 샤피로는 코웰의 원고에 들어 있는 다음과 같은 문장을 그 근거로 든다.

> 전성기를 수익성 좋은 문학적 직업으로 보냈던 셰익스피어가 어떤 지적 매력도 제공하지 못하는 외진 시골 마을로 돌아왔으며, 대출업자money lender라는 참으로 낭만적이지 못한unromantic 일과 맥아거래상dealer in malt 노릇이나 하려했다는 것은 참으로 이상한 일이다.

샤피로에 따르면, 이 문장에 등장하는 대부업과 맥아거래와 같은 셰익스피어 생애와 관련된 정보는 윌못이 살았던 18세기 후반에는 전혀 알려지지 않은 것들이었다. 셰익스피어 가문에서 술을 빚기 위해 많은 곡식을 저장하고 있었다는 정보는 1844년 존 페인 콜리어가 처음 공개한 내용이었다. 대부money lending와 관련된 셰익스피어의 기록이 처음 확인된 것도 1806년 스트랫포드 향토사학자 휠러R. B. Wheler에 의해 이루어졌으며, 그 이후 관련 자료가 여럿 발굴되었다. 휠러가 찾아낸 기록에 따르면, 1609년 셰익스피어는 빚을 갚지 않는다는 이유로 자신의 이웃을 체포하도록 요청하였다. 종종 셰익스피어의 인색함을 보여주는 증거로 오해되는 퀴니의 편지도 말론의 책과 함께 1821년에야 세상에 알려졌다. 아무튼 셰익스피어의 금전 거래에 관한 이런 종류의 정보는 19세기 중반에 이르러서야 셰익스피어의 전기적 사실로 받아들여진다. 따라서 1807년에 사망하였고, 또 사망하기 7년 전부터 눈이 멀어 세상과 등지고 살았던 윌못이 알 수 있는 정보는 결코 아니었다. 또한 코웰의 강연에 포함된 "낭만적이지 못한"unromantic이라는 단어는 1805년에 사용되기에는 시기적으로 너무 이른 것이었다. 잎스위치 철학협회는 실재하는 단체였지만, 1805년에는 아직까지 창립되지 않은 단체였다. 이런 근거들을 바탕으로 샤피로는, 코웰의 강연록이 20세기 초반에 만들어진 매우 정교하게 꾸며진 위작이라는 결론에 도달한다.

윌못을 위조하고 코웰의 강연을 꾸며낸 사람이 누구인지는 확인하기 어렵다. 베이컨주의자였던 더닝-로렌스가 가장 유력하지만 결정적 증거는 없다. 어찌되었건 윌못-코웰 에피소드는 세익스피어 작품의 원저자에 대한 의구심의 탄생을 1850년대가 아니라 1785년으로까지 끌어올리려는 흥미로운 시도였다. 셰익스피어가 가짜라는 의구심이 낭만주의가 반동적으로 퇴행했던 19세기 중반에야 발현한 현상이 아니라 낭만주의가 도약을 시작하던 18세기 후반에 이미 존재했다는 주장의 근거를 만들고자 했던 누군가의 조작극이었던 것이다.

03

안티 스트랫포드 셰익스피어 주요 후보들

안티 스트랫포드 주의자들의 주장의 근저에 공통적으로 자리하고 있는 태도는 셰익스피어의 진짜 정체를 감추려는 거대한 음모가 그가 살아있던 동안에도 진행되었고, 그 후로도 수백 년 동안 지속되었으며, 현재에도 여전히 계속되고 있다는 가정이다. 셰익스피어가 작품 활동을 했던 시기에 주변의 모든 사람들–동료 배우, 동료 극작가, 극장주, 시인들, 인쇄업자들, 서적상들–에게 자신의 진짜 정체성을 완벽하게 숨기는데 성공했으며, 가짜 셰익스피어를 앞세웠던 어떤 작가가 은밀하게 그의 뒤에 숨어 이 모든 것을 조종하였다는 가정이다. 후보를 누구로 내세우든지 상관없이, 그들은 모두 셰익스피어를 둘러싼 사람들이 셰익스피어가 가짜임을 알았다면 의도적으로 음모를 용인했거나 은폐했거나 또는 조장했을 것이라고 믿는다. 셰익스피어를 시기하거나 칭찬했던 동료 작가나 배우들은 어둠 속에 정체를 감춘 진짜 셰익스피어의 속임수에 놀아났거나, 아니라면 함께 음모에 동참하고 즐겼다는 것이다. 그리고 그러한 은폐와 왜곡의 역사가 250년이 지나 조금씩 실체를 드러냈는데, 그것은 셜록 홈즈와 같은 예리한 감각으로 무장한 중립적인 아마추어 진실 탐색자들에 의해 가능해졌다고 믿는다. 그들의 눈에는, 셰익스피어 사망 400년이 되는 2016년이 되는 오늘날까지도 그와 같은 진실을 감추려는 음모가 현재진행형이다. 진실은 아카데미의 전공학자들이 아니라 아마추어 연구자들에 의해 쟁취되는 쾌거여야만 하는데, 셰익스피어 전문가들은 자신들의 기득권을 지키기 위해 진실을 거부하는 자들, 일종의 공모자들이기 때문이다. 이제부터 셜록 홈즈를 모델로 삼은 셰익스피어 탐정들이 "반지 원정대"를 결성하고 발굴했다는 어마어마한 진실들에 대해 하나씩 확인해 보도록 하자.

3-1. 프랜시스 베이컨

셰이스피어 작품의 원저사로 프랜시스 베이컨이 호명되기 시작한 데는 딜리아 베이컨의 공이 매우 지대하다. 베이컨이라는 이름에도 불구하고 두 사람 사이에 혈연관계는 없다. 딜리아 베이컨은 1811년 뉴잉글랜드 출신 가난한 목사의 딸로 태어나, 아버지의 선교지였던 미국 오하이오 주에서 성장했다. 어린 시절, 가족 전체가 뉴잉글랜드로 이주하였고 14살에는 다니던 학교를 중퇴한 후 독학으로 많은 책을 읽었다고 한다. 이후 학교 선생님으로 취직하였으며, 계약교사로 여러 학교를 전전하였다. 성인이 되었을 즈음에는 여성 교육 분야에서 제법 유명한 강사가 되었다. 20살에 자신의 첫 번째 책, 『청교도들의 이야기』*Tales of the Puritans*, 1831를 익명으로 출간하였다. 이듬해에는 『필라델피아 토요일 소식』*Philadelphia Saturday Courier*이라는 신문사가 주최한 단편소설 경연대회에서 우승하여 100달러의 상금을 받았다. 이 경연대회에는 에드거 앨런 포우도 지원했으나 탈락했다고 한다. 딜리아 베이컨은 이를 계기로 1845년까지 많은 대중 강연에 초청받았다. 그 이후에는 대중의 관심에서 벗어나 셰익스피어 원저자에 관한 연구를 시작하였다. 이즈음에 나다니엘 호손Nathaniel Hawthorne, 랄프 왈도 에머슨Ralph Waldo Emerson과 같은 당대의 지성들과 교류를 하였다. 1853년 셰익스피어의 정체에 대한 자신의 의구심을 입증할 증거를 찾기 위해 영국행을 감행한다. 당시 리버풀에서 영사로 근무하던 호손의 재정적 도움을 받아 영국으로 건너간 그녀는 1853년 토마스 칼라일Thomas Carlyle과 만나 이 문제로 토론을 벌였으나 비웃음만 받고 외면당했다. 에머슨은 1856년 『월간 퍼트남 매거진』*Putnam's Monthly Magazine*에 그녀의 글이 익명으로 게재될 수 있도록 주선해 주었는데, 그 글의 제목은 「윌리엄 셰익스피어와 그의 희곡들: 그것들에 대한 탐구」(William Shakespeare and his Plays: an Inquiry Concerning Them)였다. 그녀는 프랜시스 베이컨이 셰익스피어 작품을 썼다는 사실을 입증할 수 있는 증거를 구하기 위해 많은 노력을 기울이지만, 1858년 심각한 정신병 때문에 결국 미국으로 귀국하게 되었으며, 이듬해인 1859년 정신병원에서 사망하였다. 딜리아 베이컨은 자신의 발견을 1857년 『셰익스피어 희곡의 철학이 밝혀지다』*The Philosophy of the Plays of Shakespeare Unfolded*라는 책으로 완성한다. 정신병원에 갇히기 직전이자 사망에 이르기 1년 전이었다.

딜리아 베이컨의 견해에서 흥미로운 부분은 셰익스피어 희곡 작품을 "철학적" 걸작으로 평가했다는 점이다. 그녀는 셰익스피어 작품에서 철학적 회의주의, 공화주의적 이념, 반군주제적 태도 등을 발견한다. 셰익스피어에 관해 알려진 사실들–스트랫포드 출신의 가죽 제작자의 아들, 문법학교 수준의 교육 등과 같은 사실–로부터 그와 같은 위대한 사유의 철학자를 상상하기 어렵다고 확신한 그녀는 우선 당대 최고의 철학자였던 프랜시스 베이컨을 가장 강력한 후보로 간주하였다. 특히 프랜시스 베이컨의 철학적 대작 『대혁신』*Instauratio Magna* 제 4권이 분실되고 없는데, 그 내용이 실상 셰익스피어의 희곡 안에 녹아들어 있다고 주장하였다. 프랜시스 베이컨은 에섹스 백작Earl of Essex이었던 로버트 데브로Robert Devereux의 편지를 대신 써준 적도 있고, 에섹스 백작을 위한 궁정연회의 연희 대본을 만들어 주기도 했다는 기록은 딜리아 베이컨이 증거로 제시하는 내용이다. 그녀에게 프랜시스 베이컨은 탁월한 철학자일 뿐만 아니라 빼어난 희곡작품을 쓸 만한 역량을 갖춘 진정한 문학 재사였다.

그러나 딜리아 베이컨이 프랜시스 베이컨 혼자만을 진짜 셰익스피어로 간주한 것은 아니다. 그녀의 입장은 차라리 집단 지성들의 공모라는 가정에 기반한 "집단 창작론"에 가깝다. 프랜시스 베이컨을 비롯해서 에드먼드 스펜서Edmund Spenser, 월터 랄리 경Sir Walter Ralegh과 같은 당대의 문화 엘리트들의 협력과 공동 작업의 결과로 셰익스피어 작품을 설명하고자 하였다. 식견과 지식으로 충만한 이 탁월한 학자들이 개별적으로 감당하기 어려운 사회적 책임과 비난으로부터 벗어나기 위해, 셰익스피어라는 이름을 도용했을 것이라는 주장으로 나아간다. 작품들이 내포하는 정치적, 철학적, 이념적 측면을 공개적으로 드러내기 어려웠던 일군의 작가들이 공통적으로 셰익스피어를 자신들의 꼭두각시로 내세웠다는 가정이다. 그녀는 셰익스피어의 희곡에서 발견되는 철학적 사유와 비유들을 베이컨, 랄리, 스펜서 등의 작품에서 찾아낸다. 이에 근거하여 셰익스피어 작품은 그런 철학적, 지적 수준에 도달한 인물들이 공동으로 작업한 결과가 아니라면 존재할 수 없다고 생각했다. 그녀에게 셰익스피어의 희곡들은 단순히 예술작품이거나 미학적 성취가 아니라, 철학적 · 정치적 사유의 표현이었으며, 정치권력에 대한, 그리고 인간의 자유에 대한 철학적 희구를 담고 있는 텍스트들이었다. 딜리아 베이컨처럼 주목받지는 못했지만, 그녀의 출판이 이뤄지기 직전에 조셉 하트Joseph C, Hart, 1798–1855는 일종의 여행기라 할 수 있는 책, 『요트의 로맨스』*The Romance of Yachting*, 1848에서 셰익스피어의 작품들은 한 명이 아니라 여러 명이 공동으로 창작했으며, 그 증거가 작품 속에 들어 있다는 주장을 펼친 바 있다. 아직 본격적으로 셰익스피어 가짜설을 펼쳤다고 보기 어렵지만, 셰익스피어를 "극장의 잡역부"라고 부르는 등 이후 안티 스트랫포드 주의자들에게 공통적으로 발견되는 어떤 태도를 하트의 글에서도 만날 수 있다.

딜리아 베이컨은, 이후 안티 스트랫포드 주의자들 다수가 즐겨 사용하는 방법이 되는 암호해독술cryptography에 많은 관심을 쏟는다. 암호문cryptogram, 암호화encryption, 암호술ciphers에 지대한 관심을 보였던 그녀는, 우리에게 모르스 부호로 잘 알려진 사무엘 모르스Samuel Morse로부터 많은 영감을 받았다. 프랜시스 베이컨이 자신의 글 속에 다양한 암호를 포함시켜 놓았다고 믿고 그런 암호를 해독하는 방법을 모르스로부터 배우고자 했던 것이다.

딜리아 베이컨이 프랜시스 베이컨을 앞세우면서도 여러 작가들의 공동 작업의 가능성을 강조했다면, 윌리엄 헨리 스미스 William Henry Smith, 1825–1891의 『베이컨과 셰익스피어: 엘리자베스 시대의 배우, 극장, 극작가에 대한 탐구』*Bacon and Shakespeare: An Inquiry Touching Players, Playhouses and Play-Writers in the Days of Elizabeth*, 1858는 프랜시스 베이컨을 유일하고 확실한 진짜 셰익스피어라는 주장을 개진한다. 이 책을 펴내기

2년 전인 1856년 「베이컨 경이 셰익스피어 작품의 진짜 저자인가?」(Was Lord Bacon the Author of Shakespeare's Plays?)라는 팸플릿을 출간하면서 베이컨이 진짜 셰익스피어라고 강변한 바 있다.

스미스의 주장은 딜리아 베이컨의 것보다 조금 더 단순한데, 예컨대 그가 가장 중요시하는 증거는 다음과 같은 것이다. 프랜시스 베이컨의 지인이었던 토비 매튜Tobbie Matthew라는 인물이 베이컨에게 보낸 편지에 다음과 같은 내용이 등장한다: "우리나라에서 그리고 대서양의 이쪽에서 내가 아는 한 가장 탁월한 재기의 소유자는, 비록 다른 이름으로 널리 알려져 있지만, 다름 아닌 나으리십니다." 이 편지로부터 스미스가 추론해 내는 것은 알려져 있다는 다른 이름은 셰익스피어이고, 진짜 탁월한 재기의 소유자는 베이컨이라는 것이다. 제임스 샤피로의 연구에 따르면, 하지만 이 편지는 프랜시스 베이컨이 아니라 나다니엘 베이컨Nathaniel Bacon, 1598-1676에게 보낸 편지였으며, 그는 가톨릭이었기 때문에 대륙에서 망명생활을 했던 인물이었다. 결국 오인에서 비롯된 잘못된 근거를 주장의 출발점으로 삼은 셈이다. 아무튼 스미스는 셰익스피어같은 촌뜨기, 교육을 많이 받지 못한 자, 계급적으로 신분이 낮은 자가 아니라 귀족이며, 지식이 풍부한 학자, 그리고 궁정문화에 익숙한 사람만이 셰익스피어의 작품을 창작할 수 있다고 굳게 믿었다.

1867년에는 미국의 켄터키 출신 나다니엘 홈즈Nathaniel Holmes라는 판사가 스미스의 의견에 동조하여 『셰익스피어 작품의 원저자』*The Authorship of Shakespeare*라는 책을 출판하며 프랜시스 베이컨 설에 힘을 실어준다. 샤피로의 통계에 따르면, 1884년경까지 이와 유사한 주장을 펼치는 책과 논문이 이미 250여 권에 이르렀다고 한다. 이런 여세를 몰아 1886년 드디어 프랜시스 베이컨 협회The Francis Bacon Society가 창립된다. 그런데 오해하지는 마시라. 프랜시스 베이컨 협회는 철학과 자연과학적 저서들을 포함하여 경험주의 철학의 대가로서 프랜시스 베이컨이 이룬 학문적 성취에 관심을 두는 것이 아니라, 오로지 셰익스피어 작품의 진짜 저자는 프랜시스 베이컨이라는 주장을 퍼트리기 위한 조직이었다.

베이컨 셰익스피어 설의 전개 과정에서 매우 중요한 위치를 차지하는 자료로 1867년 발견되었던 "노섬벌랜드 원고"The Northumberland Manuscript가 있다. 1867년 8월의 어느 날, 알제논 로이드 퍼시 공작Algernon Lloyd Percy, Earl of Percy, 1810 1899은 고문헌학자 존 브루스John Bruce, 1802–69를 자신의 집 노섬벌랜드 하우스Northumberland House로 초대한다. 그곳에서 오래된 서류 상자 하나를 꺼내 놓으며 브루스에게 감정을 의뢰한다. 이때 브루스의 시선을 잡아 끈 것이 있었는데, 화재로 상당 부분 손상된 한 권의 책이었다. 17세기에 제본된 이 원고 묶음의 표지에 흘림체로 두서없이 쓰인 글자들이 그의 눈길을 사로잡았다. 표지에 기록된 내용들은 그러나 책의 본문 내용과 딱히 일치되지 않는 것들이었다. 표지에 손글씨로 기록된 내용은 다음과 같다.

그레이 인 축제의 연설문들

퀸즈맨

프랜시스 베이컨이 지음

동일 저자의 에세이들

리차드 2세

리차드 3세

아스문드와 코넬리아 Asmund and Cornelia

독 섬 Isle of Dogs

토마스 내쉬 지음, 더 낮은 장소들

퍼시는 이 내용을 프랜시스 베이컨 전문 연구자였던 제임스 스페딩James Spedding, 1808–1881에게 검토를 의뢰하였다. 스페딩은 자신의 검토결과를 1870년 『쾌락의 회합』*The Conference of Pleasure*에 밝힌다. 노섬벌랜드 원고는 대부분 엘리자베스 시대의 작품들의 수고본이었으므로, 겉표지에 휘갈겨진 위의 인용문 역시 당대에 쓰여졌을 것으로 추정되었다. 그는 위의 인용문에서 특히 베이컨의 이름과 더불어 두 편의 셰익스피어 작품이 언급되고 있음에 주목한다. 그리고 노섬벌랜드 원고에 수록된 글 중에서 두 편을 제외하면 대부분의 글은 프랜시스 베이컨의 것이라고 주장한다. 스페딩은 다소 조심스럽게 의견을 개진하지만, 이후 베이컨설을 주장하는 사람들은 이 내용을 베이컨설의 중요한 증거로 받아들인다. 베이컨의 이름 아래에 셰익스피어 희곡작품 두 편, 『리차드 2세』와 『리차드 3세』가 같이 기록되어 있다는 사실에 주목한 것이다. 그들은 이것을 베이컨이 셰익스피어라는 증거로 제시한다. 베이컨이 자신의 편지나 책에서 리차드 2세를 언급한 적이 몇 차례 있었다는 점을 보충증거로 제시하기도 한다. 하지만 스페딩이 베이컨의 작품일 것이라고 추정하는 원고묶음 속의 작품들 상당수는 이후로도 베이컨의 작품으로 분류된 적이 거의 없다. 그럴 경우 표지에 휘갈겨진 작가이름과 작품명만이 남는데, 그것이 증명해주는 바는 기껏해야 이들 작가가 1590년대 말에 제법 알려져 있다는 정도가 아닐까?

1884년 콘스탄스 메리 피어론 포트Constance Mary Fearon Pott, 1833-1915는 『프랜시스 베이컨이 셰익스피어 작품을 썼는가?』*Did Francis Bacon Write Shakespeare*라는 책을 펴낸다. 그녀의 주장은 제임스 스페딩이 출판한 베이컨 전집 제 7권, 『공식표현과 우아한 표현의 곳간』*The Promus of Formularies and Elegancies*을 주요 근거로 삼는다. 이 책은 베이컨이 필사본 형태로 남겨 놓은 일종의 노트인데, 주로 다양한 언어로 된 명구, 속담, 격언들을 채록하여 기록한 것이다. 포트는 스페딩의 편집본에 등장하는 표현들, 그것들은 대부분 베이컨이 수집한 것들인데, 그 표현들과 유사한 내용을 셰익스피어의 작품에서 찾아내어 일일이 비교 대조하였다. 예를 들어, 그녀는 베이컨의 책에 수록된 하나의 표현이 매번 조금씩 변형된 방식으로 셰익스피어 작품에서 30번 넘게 나온다는 주장을 한다. 베이컨의 책은 당시 시중에서 떠돌던 멋진 경구, 산뜻한 표현들, 다양한 외국어 표현들을 사전처럼 모아놓은 것이다. 그것은 르네상스 휴머니스트들이 즐겨 사용했던 코퍼스 같은 것이었다. 포트의 주장은, 사전에 나오는 표현이 어느 작품에 등장하면 그 작품의 저자는 사전 편찬자라고 주장하는 격이다. 아무튼 포트의 리더십 아래 1885년 베이컨 협회 저널*Journal of the Bacon Society*(나중에 베이커니아나*Baconiana*로 개명됨)이라는 잡지가 발간되기 시작하였다.

베이컨주의자들에게는 암호 및 암호 해독이 다른 무엇보다 중요한 접근법이다. 1881년에는 애쉬우드 윈들 부인Mrs. C. F. Ashwood Windle은 셰익스피어 작품을 꼼꼼이 읽었더니 베이컨이 자신의 작품이라는 암호를 수수께끼처럼 남겨 두었음을 발견할 수 있었다는 주장을 편다. 이런 주장을 책으로 발전시킨 사람으로 오르빌 워드 오웬 박사Dr. Orville Ward Owen가 있다. 그는 1893년 『프랜시스 베이컨 경의 암호이야기』*Sir Francis Bacon's Cipher*

*Story*라는 책을 통해 프랜시스 베이컨이 사실은 엘리자베스 여왕이 은밀하게 숨겨 놓았던 자식이라고 주장하고, 셰익스피어 희곡 작품 안에는 작가 자신이 베이컨이라는 암호를 여럿 숨겨 놓았다는 주장을 편다. 엘리자베스 여왕의 숨겨 놓은 자식이라는 주장은 20세기에 오면 에드워드 드 비어의 "튜더왕자이론"으로 변형된다.

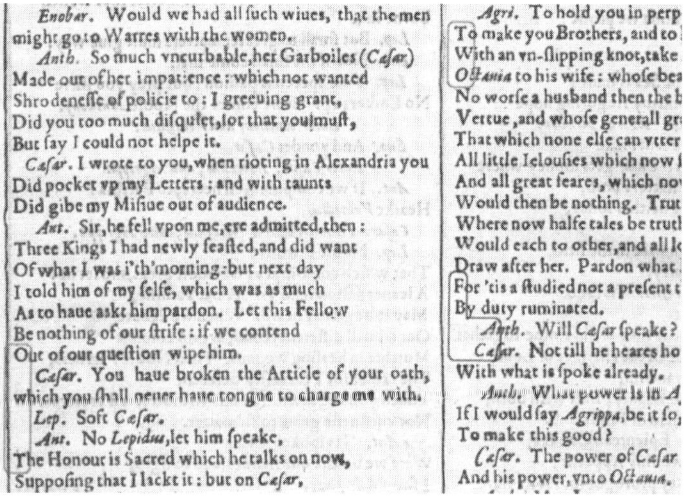

Enobar. Would we had all such wiues, that the men might go to Warres with the women.
Anth. So much vncurbable, her Garboiles (*Cæsar*)
Made out of her impatience: which not wanted
Shrodenesse of policie to: I greeuing grant,
Did you too much disquiet, for that you must,
But say I could not helpe it.
Cæsar. I wrote to you, when rioting in Alexandria you
Did pocket vp my Letters: and with taunts
Did gibe my Missiue out of audience.
Ant. Sir, he fell vpon me, ere admitted, then:
Three Kings I had newly feasted, and did want
Of what I was i'th'morning: but next day
I told him of my selfe, which was as much
As to haue askt him pardon. Let this Fellow
Be nothing of our strife: if we contend
Out of our question wipe him.
Cæsar. You haue broken the Article of your oath, which you shall neuer haue tongue to charge me with.
Lep. Soft *Cæsar.*
Ant. No *Lepidus*, let him speake,
The Honour is Sacred which he talks on now,
Supposing that I lackt it: but on *Cæsar*,

Agri. To hold you in perp
To make you Brothers, and to
With an vn-slipping knot, take
Octauia to his wife: whose bea
No worse a husband then the b
Vertue, and whose generall gr
That which none else can vtter
All little Ielousies which now
And all great feares, which no
Would then be nothing. Trut
Where now halfe tales be trut
Would each to other, and all lo
Draw after her. Pardon what
For 'tis a studied not a present t
By duty ruminated.
Anth. Will *Cæsar* speake?
Cæsar. Not till he heares ho
With what is spoke already.
Anth. What power is in *A*
If I would say *Agrippa*, be it so,
To make this good?
Cæsar. The power of *Cæsar*
And his power, vnto *Octauia*.

그림 13 베이컨수의자들의 암호 해독의 예

그림의 내용은 『안토니와 클레오파트라』 2막 2장의 일부다. 그런데 오른쪽 중간 부분을 보면 각 행의 첫 글자가 F(For), B(By), 그리고 인물이름인 A(Anthony), C(Caesar)다. 이 네 글자를 연결하면 FBAC가 된다. 다시 여기서, F는 Francis, BAC는 Bacon을 의미하는 암호라는 주장이다. 그들이 말하는 암호해독술의 한 예이다.

베이컨 설을 지지한 대표적인 명사로 소설가 마크 트웨인 Mark Twain이 있다. 그는 1909년에 출판한 "셰익스피어는 죽었는가?"(Is Shakespeare Dead?)라는 에세이에서 다음과 같은 4가지 근거로 셰익스피어가 가짜이며 진짜 작가는 따로 있다는 주장을 한다. 그리고 자신이 생각하는 작가 셰익스피어 프로필에 가장 근접한 인물로 베이컨을 지지하였다. 그의 관점은 이후에 수많은 안티 스트랫포드 주의자들이 반복적으로 주장하는 내용이므로 간략하게 요약해 본다.

(1) 셰익스피어의 생애에 관해 알려진 바가 거의 없으며, 그에 관한 전기들 대부분은 추측에 근거한다.

(2) 상당수의 탁월한 법률가들과 판사들이 셰익스피어 작품에서 아주 많은 법률적인 사유와 용어를 발견했는데, 이것을 근거로 판단하면, 진짜 셰익스피어는 전문법률가로 잔뼈가 굵은 인물이었음에 틀림없다.

(3) 이와 대조적으로, 스트랫포드 출신 셰익스피어는 법률과 관련된 직업에 종사한 적이 없으며, 기껏해야 소송에 참여하기 위해 법정에 선 기록밖에 없다.

(4) 마지막으로, 작은 마을들은 대개 그곳 출신 작가를 오랫동안 찬양하고 기념하는 것이 관례다. 그러나 셰익스피어는

자기 고향 사람들의 숭배를 받지 못했다.

마크 트웨인에게는 중요한 동조자가 있었다. 1909년 1월 헬렌 켈러가 마크 트웨인을 방문했다. 켈러는 이미 국제적인 명사였는데 1903년에 출간한 자서전『내 생에 관한 이야기』*The Story of My Life*로 트웨인에 버금가는 명성을 누리고 있었다. 켈러는 당시까지 나왔던 셰익스피어 전기들에 크게 실망하였는데, 셰익스피어에 대한 신격화가 너무 지나치다고 느꼈기 때문이었다. 셰익스피어를 신성하고 신비한 인물로 묘사하는 전기들은 그녀를 회의주의적이 되도록 만들었다. 트웨인을 방문하고 대화를 나눈 이후 켈러는 확고한 베이컨주의자가 되었다.

3-2. 크리스토퍼 말로우

셰익스피어와 같은 해에 태어났고, 당대의 성공적인 극작가이자 시인이었던 크리스토퍼 말로우Christopher Marlowe, 1564–1593는 베이컨에 비해 조금 늦게 부각되기 시작하였다. 1890년대 이후 베이컨 설이 세를 잃기 시작하자 대체 인물로 부각되었던 인물이 크리스토퍼 말로우였다. 우연하게도 셰익스피어와 나이가 같지만, 캠브리지에서 엘리트 교육을 받았다는 사실이 중요한 차이점이었다. 그런데 말로우 설의 핵심적인 난점은 그가 1593년에 사망했다는 사실이었다. 말로우 지지자들은 우선 셰익스피어의 첫 번째 시집 『비너스와 아도니스』의 출간이 말로우 사망 직후였다는 사실에 주목한다. 『비너스와 아도니스』는, 거의 비슷한 시기에 출간된 말로우의 이야기 시 『히어로와 리앤더』*Hero and Leander*와 마찬가지로 오비디우스의 『변신』에서 영감을 받은 작품이라는 사실이 한몫을 했다. 말로우 설 추종자들의 주장에 따르자면 크리스토퍼 말로우는 1593년에 사망하지 않았지만 여러 불가피한 이유로 자신의 신분을 숨긴 채 평생을 살아야 했다. 그런 신분 세탁을 위해 셰익스피어라는 가명이 필요했고 오래동안 셰익스피어라는 이름으로 작품활동을 꾸준히 했다는 주장이다. 『비너스와 아도니스』는 신분을 감춘 말로우의 첫 작품이라는 것이다. 이런 주장이 거둔 최근의 성과 중의 하나는, 웨스트민스터 사원 시인의 전당에 기록된 말로우의 생몰연대에 물음표(?)를 추가시킨 것이다. 말로우 추종자들의 집요한 도전에 웨스트민스터 사원이 2002년에 물음표를 수용하기로 결정했다고 한다.

크리스토퍼 말로우가 베이컨을 비롯한 다른 주요 후보들과 다른 점이 있다면, 적어도 출신 성분과 관련된 귀족주의적이고 보수주의적인 태도와 거리를 둘 수 있다는 점일 것이다. 귀족이 아님에도 불구하고 셰익스피어를 대체할 후보로 강력 천거되는 이유는 무엇보다도 캔터베리의 구두장이 아버지를 일찍이 떠나왔던 말로우가 1580년까지 캠브리지의 코퍼스 크리스티 대학Corpus Christi College에서 수학을 했다는 사실이다.

1892년 화이트T.W. White가 셰익스피어 작품을 공동으로 창작한 여러 명의 작가 중의 한 명으로 말로우를 거론했던 것을 기점으로 말로우 설이 베이컨 설을 점차 능가하게 된다. 1895년에는 윌버 글리슨 지글러Wilbur Gleason Zeigler, 1857–1935라는 미국의 변호사 겸 작가가 소설의 형식을 빌려 말로우 설을 확산시켰다. 『그것은 말로우였다: 3세기에 걸친 비밀에 관한 이야기』*It Was Marlowe: A Story of the Secret of Three Centuries*라는 제목의 소설에서 당시까지도 유력했던 베이컨 설을 반박하고 말로우를 그 대안으로 제시한다. 그의 소설적 주장에 따르면, 말로우는 1593년에 사망하지 않았으며, 이후 5년을 더 살았고 1598년에 실제로 사망했다는 것이다. 아래는 지글러 서문의 일부를 번역한 것이다.

[말로우의 죽음에는] 이린 시절 한 때 호기심을 가졌으나 지나면 별거 아닌 그런 것을 넘어서는 흥미로운 대목이 있다. 오랫동안 나는 이 불행한 시인–스윈번이 명명했듯이 "셸리의 선조격인 시인"–의 때 이른 그리고 불명예스러운 죽음에 관한 설명들에 아쉬움을 느꼈다. 세월이 지나고 베이컨–셰익스피어 논쟁이 나의 주목을 끌었다. 나 역시 셰익스피어의 이름을 달고 있는 작품의 저자에 대해 매우 회의적인 시각을 갖고 있었지만, 그렇다고 그것들이 프랜시스 베이

컨의 작품이라는 데 동의할 수 없었다.

자신의 어린 시절, 말로우 작품을 애독했다는 지글러는 베이컨의 작품들과 셰익스피어 작품의 분명한 간극에 주목하고, 같은 시기에 활동했던 시인이자 극작가인 말로우야말로 진짜 셰익스피어라는 추론을 한다. 그럴 경우, 말로우가 1593년에 이미 사망했다는 사실이 걸림돌이 되는데, 이 문제를 피하기 위해 말로우의 신분위장설을 만들어 낸다. 신분위장이라는 상상은 거의 대부분의 안티 스트랫포드 주의자들이 사용하는 논리지만, 어느 누구도 실제로 그랬다는 증거를 보여준 적이 없다. 하나의 가정 위에 또 다른 가정을 쌓고 그 위에 확신의 이름을 얹어 포장하는 방식은 셰익스피어 가짜설 지지자들의 공통점이다. 지글러는 존 오브리의 『영국시인들의 생애』에 등장하는 다음과 같은 구절에 근거하여 1598년 사망설을 주장한다. "벤 존슨은 커튼 극장The Curtain play-house에서 나오던 길에 번힐 거리에서 우연히 만난 시인 말로우 씨를 죽였다." 오브리의 이 표현이 1598년 말로우 사망설의 유일한 근거이다. 그런데 오브리의 책이 믿을 만한 정보를 제공하는 자료가 되는 책이라기보다는 시중에 떠도는 소문과 사실들이 뒤죽박죽 섞여 있는 책이었을 뿐더러, 존슨이 1598년 실제로 죽였던 사람은 가브리엘 스펜서Gabriel Spenser라는 동료배우였다. 오브리가 명백하게 혼동하였던 것이다. 이 정보를 제외하면 1598년 사망설의 증거는 거의 상상력에 의존한 내용들이다. 1598년 사망설은 말로우의 시신을 검시했던 기록이 1925년에 발견되면서 일단락되었다. 캐나다 태생으로 하버드에서 문학박사학위를 받은 존 레슬리 핫선John Leslie Hotson은 르네상스 시기 여러 난제들을 추리하고 관련된 증거를 수집하는 일로 정평이 나있던 학자였다. 핫선은 1593년 뎁트포드Deptford에서 벌어졌던 살인사건의 수사 기록과 말로우의 시신에 대한 부검 소견이 기록된 당시의 자료를 발굴했다. 그 기록에 따르면 말로우는 잉그램 프리저Ingram Frizer라는 인물과 술값을 두고 다툼을 벌였는데, 그 와중에 정당방위 살인을 저지른 것이었다. 말로우가 토마스 월싱햄Thomas Walshingham이 고용한 스파이였으며, 동성애자이자, 은밀한 가톨릭 신자였다는 것과 같은 그의 생애를 둘러싼 비밀을 발굴하려는 추리작업은 오늘날까지도 지속적으로 시도되고 있다. 가장 최근으로는 2012년 피터 피레이Peter Farey에 의해 말로우가 1627년까지도 생존했으며 이태리의 파두아Padua에서 사망했을 것이라는 주장이 제기된 바 있다.

또 다른 중요한 말로우 설 추종자로는 미국의 저명한 물리학자이자 기상학자였던 토마스 코윈 멘덴홀 박사Dr. Thomas Corwin Mendenhall, 1841–1924가 있다. 그는 1901년과 1902년에 『대중과학』*Popular Science Magazine*과 『당대문학』*Current Literature*에 「말로우가 셰익스피어 작품을 썼는가?」(Did Marlowe

Write Shakespeare?)라는 제목의 논쟁적인 글을 발표한다. 지글러가 주로 상상력과 추리에 의존했다면, 멘덴홀은 "빈도수 분포" frequency distribution라는 통계학적 방법을 사용하였다. "단어 스펙트라"word spectra라고 부르는 샘플을 사용한 후, 각 작가의 작품에 등장하는 단어의 길이, 비슷한 길이의 단어 빈도수 등을 조사하는 방식이었다. 예를 들면, 말로우와 셰익스피어의 작품을 공통적으로 평균을 내면 천 개의 단어 당, 4글자 단어는 약 240개, 5글자 단어는 130개, 6글자 단어는 60개가 발견된다는 것이다. 멘덴홀의 분석 방법은 "통계적 문체연구"stylometry의 선구적인 방식이라 부를 만하다. 그의 방법론이 처음 소개되었을 때 베이컨주의자들이 이 분석방법을 적용해 보았지만 오히려 베이컨과 셰익스피어는 매우 다르다라는 결론에 도달했다. 멘덴홀은 베이컨이 아니라 말로우의 작품이 빈도수 분포에서 셰익스피어 작품에 근접하다는 점을 확인하고, 셰익스피어 작품의 진짜 저자는 말로우라는 주장을 편다.

미국 켄터키에서 발행되는 시사전문지 『쿠리어 저널』*The Courier-Journal*은 1916년 셰익스피어 서거 300주년을 기념하는 특집호를 제작하였다. 잡지의 편집자였던 헨리 와터슨Henry Watterson, 1840-1921은 그동안 알려진 셰익스피어는 가짜이며 진짜 셰익스피어는 크리스토퍼 말로우라는 주장을 적극적으로 개진한다. 1917년 퓰리처 상을 수상하기도 한 저명한 언론이었던 그의 주장은 전국적인 주목을 끌어 모으기도 했다. 그의 주장의 상당 부분은 지글러의 소설에 근거하였는데, 자신의 아이디어를 출처도 밝히지 않고 사용했다며 불만을 표시하는 지글러의 편지가 남아 있다. 1923년에는 미국의 아치 웹스터Archie Webster가 말로우 설의 대열에 합류한다. 그는 『내셔널 리뷰』*The National Review*라는 저널에 자신의 주장을 담은 「말로우가 바로 그 사람이었나?」(Was Marlowe the Man?)라는 제목의 에세이를 게재한다. 웹스터는 셰익스피어의 소네트에 주목하고 소네트가 말로우의 생애에 관한 전기적 내용을 담고 있다고 주장했다.

1955년 뉴욕의 극장운영자이자 홍보전문가였던 캘빈 호프만Calvin Hoffman, 1906−1987은 『셰익스피어였던 그 사람』*The Man Who was Shakespeare*이라는 책을 영국에서, 그리고 미국에서는 같은 책을 다른 제목인 『셰익스피어였던 그 사람의 살인 사건』*The Murder of the Man Who was Shakespeare*으로 동시에 출간하였다. 호프만의 이론은 지글러와 와터슨, 그리고 웹스터가 주장하는 것에서 크게 벗어나지 않는다. 호프만의 책은 그동안의 말로우 설을 집대성하였다. 1953년 코퍼스 크리스티 대학에서 발견된 말로우 초상화는, 비록 현재는 가짜로 의심받고 있지만 호프만 주장에 중요한 근거를 제공한다. 예를 들면 말로우 초상화 하단에는 "나를 키워 준 그것이 바로 나를 파괴한다"라는 라틴어 문장이 들어 있다. 이를 두고 말로우 자신의 운명과 관련된 비밀, 즉 신분 위장이라는 비밀을 암호처럼 남겨 놓은 것으로 설명한다. 호프만은 말로우 설을 증명하기 위해 그의 고용자이자 스파이책임자였던 토마스 월싱햄의 무덤을 파헤쳤다. 만약 월싱햄의 무덤에서 셰익스피어의 작품들 텍스트가 발견된다면, 그의 추론에 따르면 말로우가 셰익스피어라는 결정적인 증거가 될 것이기 때문이었다. 1955년과 1984년, 두 번에 걸친 그의 발굴 작업은 안타깝게도(?) 흙먼지 이외의 어떤 것도 찾아내지 못했다. 호프만은 죽기 직전에 말로우가 수학했던 영국 캔터베리의 킹스 스쿨The King's School에 거액의 기부금을 남기고 호프만 상The Hoffman Prize을 제정하였다. 말로우에 관한 훌륭한 논문이나 책의 저자에게 수여되는 상인데, 특히 이 상의 1등the principal prize은 반드시 말로우가 셰익스피어임을 입증하는 논문에게 수여하도록 규정되어 있다.

3-3. 옥스퍼드 백작

제 17대 옥스퍼드 백작, 에드워드 드 비어가 대안으로 등장한 것은 상대적으로 최근이지만, 현재로서는 가장 많은 추종자를 거느린 셰익스피어 후보다. 옥스퍼드 백작설을 처음 주장한 존 토마스 루니John Thomas Looney, 1870-1944는 미국의 중등학교에서 영어교사를 하던 인물로 이름(Looney) 때문에 종종 조롱의 대상이 되었다. 1920년 『셰익스피어는 제 17대 옥스퍼드 백작 에드워드 드 비어로 판명되었다』*Shakespeare Identified in Edward de Vere the Seventeenth Earl of Oxford*라는 저술을 통해 옥스퍼드 설의 창시자가 되었다. 루니는 그동안 제기되었던 다양한 안티 스트랫포드 셰익스피어 주장들을 요약하면서 그가 교육을 제대로 받지 못했다거나 재물에 욕심이 많고 시적인 삶과 거리가 먼 인물이었다는 주장을 받아들인다. 하지만 베이컨주의자들의 근거가 되는 암호해독술을 부적절한 분석방법이라고 평가하고 거부한다. 자신의 정체를 숨기려는 사람이 자신의 정체를 암시하는 암호를 여기저기 남겼다는 것은 납득하기 어렵다고 반박한다. 그 대신, 셰익스피어라는 인물은 그가 창작한 시와 희곡에 등장하는 인물과 유사할 것이며, 작품 속에서 벌어지는 사건도 저자의 경험에 따른 것이라는 가정으로부터 원저자 논쟁에 개입한다. 우선 셰익스피어의 작품에는 평민보다 훨신 많은 귀족들이 등장하는 것을 근거로, 작가 역시 귀족이었음에 틀림없다고 주장한다. 그리고 시골 출신들이 대개 어리숙하거나 어릿광대 취급을 받는다는 점을 근거로 스트랫포드 출신 장갑제소업자의 아들 셰익스피어가 저자일 수 없다고 결론 내린다. 그가 보기에, 셰익스피어 작품은 "작은 도시의 중산층 가정에서 자라서 성장했을 것으로 기대되는 그런 인물"에 의해 만들어 질 수 있는 것들이 아니다. 『베니스의 상인』 같은 작품이 고리대금업과 무역, 채무를 비판적으로 다루고 있는데, 스트랫포드 출신 셰익스피어의 생애와 관련된 자료들이 보여주는 바와 같이 이재에 밝고 돈을 밝히며, 이기적인 인간이라면, 어떻게 『베니스의 상인』 같은 작품을 쓸 수가 있었겠는가라고 반문한다. 루니의 관점에서 보면, 셰익스피어 희곡작품들이 드러내는 정치적 이념은 봉건주의적 이상과 종교에 대한 회의주의가 결합한 형태이다. 루니는 이런 가정을 근거로 삼아, 시드니 리Sidney Lee, 1859–1926가 국가인명사전*Dictionary of National Biography*에 기록한 여러 인물들의 일대기를 검토하고, 자신의 프로필에 가장 근접한 인물로 옥스퍼드 백작을 지목한 후 그를 셰익스피어 작품의 진짜 저자로 제시한다. 진짜 셰익스피어였던 옥스퍼드 경이 당시 귀족들을 지배했던 "출판의 낙인"Stigma of Print과 정치적 신중함이라는 이유로 정체를 밝히지 않은 채 가명으로 활동했다는 주장에 다다른다.

그런데 문제는 말로우의 경우와 유사하게 옥스퍼드 백작이 1604년에 사망하였다는 사실에 있다. 셰익스피어의 작품은 1604년 이후에도 1613–14년에 이르기까지 10여 년 동안 꾸준히 만들어졌다. 이 곤란함을 해결하기 위해 루니는 새로운 가설을 내놓는다. 셰익스피어 작품 출판의 측면에서, 그리고 작품에 사용된 문체의 차원에서 1604년을 기점으로 급진적인 변화가 발견된다고 주장한다. 즉 1604년 이후의 일부 작품들은 옥스퍼드가 써 놓은 것을 나중에 누군가 수정했거나 첨삭한 것들이라고 설명한다. 이런 방식으로도 해명이 어려운 작품들, 예를 들어 『폭풍우』같은 작품은 아예 셰익스피어의 작품이 아닌 "위작"apocrypha으로 분류함으로써 난국을 돌파하려고 한다. 즉, 셰익스피어가 아니라 다른 작가의 작품인데 셰익스피어 전집에 잘못 포함된 것이라는 주장이다. 『폭풍우』는 일반적으로 1611년 이후에 쓰여진 것으로 간주되는데, 특히 1609년에 발생했던 버뮤다 난파 사건을 소재로 삼았던 것으로 알려진다. 게다가 다른 작품과 달리 아주 세밀한 무대지시문이 존재하는데, 이것이 1609년에 문을 열었던 실내극장 "블랙프라이어즈 극장"을 염두에 두고 쓰였기 때문으로 설명된다. 따라서 1604년에 사망한 옥스퍼드 경이 만들었다고 주장하기 힘들었던 것이다. 루니는 『폭풍우』와 비슷한 시기에 쓰인 『겨울이야기』에 대해서는 침묵해 버린다. 그런데 이 작품의 경우, 조지 벅 경Sir George Buc이 공연집행관Master of the Revels의 자격으로 허가를 내준 기록이 남아 있다. 조지 벅이 공연집행관으로 임명된 것이 1610년이니, 그 이전에 만들어졌다고 말하기는 매우 어렵다. 또한 셰익스피어가 말년에 공동으로 창작했던 『페리클리스』 같은 작품은 진짜 작가가 이미 사망한 상태에서 개작이 이뤄졌음을 입증하는 증거로 간주한다. 소네트집의 경우도 마찬가지다. 루니 이후에 등장한 옥스퍼드설 주창자들은 루니와 약간 다른 방식으로 이런 문제를 다루는데, 예를 들어 작품이 쓰여진 순서를 옥스퍼드가 사망한 1604년 이전으로 꿰어 맞추거나, 옥스퍼드가 남긴 초고를 이후의 또 다른 익명의 작가들이 수정한 것이라고 주장하거나, 옥스퍼드 백작도 말로우 원저자론자들이 그러했듯이 1604년에 사망하지 않고 오랫동안 죽은 것처럼 위장하고 작품활동을 했다는 주장을 펴기도 한다.

옥스퍼드 원저자론을 처음 피력한 루니의 책이 출간된 1920년대에는 부정적인 반응이 다수였다. 무엇보다 루니의 논의가 대전제로 삼고 있는 것, 모든 문학작품은 그 핵심에 있어 모두 자전적이어야 한다는 주장이 지나치게 단순한 문학관이었기 때문이다. 또한 루니는 자신의 주장에 들어맞는 몇 작품, 대표적으로『햄릿』같은 작품에만 집중한다. 그의 책의 상당 부분은 옥스퍼드 백작의 생애를 자세히 설명하고, 그와 유사한 상황이나 사건을 셰익스피어의 작품에서 찾아내는 방식을 취한다.

루니의 방법론이 지닌 문제점은 그 자신이 밝히고 있는 원저자 발견의 과정에 고스란히 스며들어 있다. 그의 책에 따르면, 자신의 분석의 출발점은『비너스와 아도니스』였다고 한다. 이 시집을 읽고 스탠자 패턴을 찾아본 후, 자신의 서재에 있던 로버트 팔그래이브Robert Palgrave 편집본『황금보물 시선집』*Golden Treasury of English Songs and Lyrics*를 읽게 되었다는 것이다. 그리고 우연히 페이지를 넘기다 옥스퍼드 경의 시를 읽게 되었는데, 그의 시 형식이 셰익스피어의『비너스와 아도니스』와 똑같다는 점을 깨달았다고 말한다.『황금보물 시선집』은 매우 선택적으로 시를 선별하여 한 권으로 만든 앤솔로지다. 필자가 대학에 다니던 1980년대까지도 대학 영문학입문의 교재로 쓰이곤 했던 매우 대중적인 영시선집이었다. 루니의 진실 발견의 방법은 여러 가지 의문을 피해가기 어렵다. 예를 들어, 루니는 왜 비슷한 시형식을 사용한 동시대 다른 작가들은 후보로 떠올리지 않았을까? 왜 『황금보물 시선집』에 게재된 다른 시들의 형식과 비교하지 않았을까? 혹은 그 시선집에 포함되지 않은 다른 작가의 시들은 왜 살펴보지 않은 걸까? 더 나아가 왜 그는 셰익스피어의 작품들이 공동으로 작업되었을 가능성은 인정하지 않았을까? 루니의 책에서 이와 같은 질문에 대한 답을 찾기는 어렵다. 루니의 책이 누린 어느 정도의 성공은 그가 만들어 내는 발견의 내러티브 덕분이기도 하다. 루니는 자신의 책을 시작하며, 스스로를 편견이 없고 회의적인 태도를 지닌 건전한 지성인으로 제시한다. 처음에는 옥스퍼드 경을 언급하지도 않는다. 기존의 안티 스트랫포드 주의자들의 견해를 빌려와 진짜 셰익스피어가 따로 있다는 주장이 합리적이라고 주장한다. 그런 다음 그동안의 안티 스트랫포드 주의자들, 특히 베이컨주의자들의 문제를 지적함으로써 새로운 주장의 가능성을 열어 놓는다. 그리고는 자신이 마치 우연한 결과로 옥스퍼드 백작의 정체를 발견한 것처럼, 일종의 우연한 발견이라는 서사를 구성한다. 아무런 후보를 전제하지 않는 건전한 합리성으로 무장한 노련하고 지적인 탐정은, 마치 셜록 홈즈가 런던경시청의 고위 경관들을 압도하듯이, 제도권에서 기득권을 누려온 수많은 셰익스피어 학자 및 전문가들의 뒤통수를 친다. 그들이 수백년 동안 보지 못했던 진실을 공평무사함으로 무장한 아마추어 탐정이 발견했다는 감동적인 스토리텔링이 이뤄진다.

루니와 그의 이론에 공감했던 동료들은 1922년 "셰익스피어 펠로우십"The Shakespeare Fellowship이라는 단체를 결성하고 옥스퍼드 백작이 진짜 셰익스피어라는 주장을 적극적으로 개진하기 시작했다. 루니의 책으로부터 영감을 받은 영국인 버나드 모르던트 워드Bernard Mordunt Ward는 1928년 『옥스퍼드 백작의 전기』 *The Seventeenth Earl of Oxford, 1550-1604*를 출간한다. 워드의 책은 옥스퍼드 백작을 탁월한 르네상스적 인간으로 묘사한다. 수준 높은 교육을 받았고, 여행을 통해 견문을 넓힌 궁정귀족이었으며, 군인이자 학자이고, 시인이자 극작가이며, 예술의 후원자로서 연희를 즐겼던 팔방미인이었다는 것이다. 간단히 말해, 루니가 찾으려 했던 셰익스피어 작품의 진짜 저자로 완벽하게 들어맞는 인물로 묘사된다. 워드의 옥스퍼드 백작 전기는 2003년 버클리대학 명예교수였던 앨런 넬슨Alan Nelson의 새로운 전기, 『엄청난 역경』 *Monstrous Adversity*이 출현할 때까지 그의 생애를 다루는 유일한 전기였다. 하지만, 넬슨에 따르면 워드의 전기는 오류가 너무 많아 일일이 지적하는 게 불가능할 지경이다. 워드와 절친이었던 퍼시 앨런Percy Allen은 1930년 『제 17대 옥스퍼드 백작 에드워드 드 비어가 셰익스피어라는 증거』*The Case for Edward de Vere 17th Earl of Oxford as 'Shakespeare'*라는 책을 출판하여 루니와 워드의 주장을 적극 지지한다. 특히 퍼시의 개입이 중요한 대목은, 그가 처음으로 소위 "튜더왕자이론"Tudor Prince Theory을 제기했기 때문이다.

퍼시 앨런이 처음 제안하고 이후 옥스퍼드 백작 지지자들에 반복되는 튜더왕자이론은 옥스퍼드 백작이 엘리자베스 여왕의 숨겨 놓은 아들이며, 따라서 튜더 왕조의 마지막 왕자라는 견해다. 옥스퍼드를 진짜 셰익스피어로 만들어 놓은 2011년 개봉 영화 〈어나니머스〉는 이런 튜더왕자론을 플롯에 적극적으로 반영했다. 잠시 뒤에 자세히 살펴보겠지만 오그번 부부the Ogburns 같은 경우는 이 사생아가 옥스퍼드 백작이 아니라 셰익스피어가 시집을 헌정하였던 제 3대 사우스햄턴 공작, 헨리 리슬리Henry Wriothesley, Earl of Southampton라고 주장하기도 한다. 옥스퍼드 백작이든 사우스햄턴 공작이든 엘리자베스 여왕의 사생아였던 자가 튜더의 진정한 왕위 계승권자였으며, 따라서 스코틀랜드에서 내려온 제임스 1세가 아니라 에드워드 7세Edward VII로 등극한 엘리자베스의 아들에 의해 튜더 왕조의 계승이 이루어졌어야 마땅했다는 주장으로 확장된다. 옥스퍼드 설을 최초로 발표한 루니는 이런 견해를 터무니없다고 비판했으며, 루니를 지지했던 지그문드 프로이트도 이에 대해 매우 부정적이었다.

앨런의 저작 이후 2차 세계대전을 거치면서 옥스퍼드 설, 나아가 안티 스트랫포드 주의자들의 주장은 대중으로부터도 셰익스피어 전문가들로부터도 점차 외면을 받기 시작했다. 이때 논쟁에 새로운 화력을 제공한 책이 혜성처럼 등장한다. 1952년 미국의 저널리스트였던 도로시 오그번과 찰튼 오그번 부부Dorothy and Charlton Ogburn는 『영국의 빛나는 별: 윌리엄 셰익스피어, 르네상스 인간』*This Star of England: 'William Shakespeare,' Man of the Renaissance*이라는 두툼한 책을 출간한다. 오그번 부부는 셰익스피어의 소네트에 나오는 젊은 청년(fair youth)은 사우스햄턴 공작이던 헨리 리슬리이며, 그는 옥스퍼드 백작과 엘리자베스 여왕 사이의 은밀한 애정행각으로 태어난 자식이라는 주장을 펼친다. 한걸음 더 나아가 셰익스피어의 희곡들은 옥스퍼드 백작과 엘리자베스 여왕 사이의 뜨겁고 위험했던 사랑을 기억하고 추억하기 위해 만들어진 것이라고 설명한다. 그들은 특히 옥스퍼드의 생애와 햄릿에게 벌어진 사건들 사이의 유사성을 강조하고, 『햄릿』은 말하자면 옥스퍼드의 자서전에 다름 아니라는 주장을 편다. 옥스퍼드 주의자들의 단골 주장은 오그번 부부의 주장에서 고스란히 반복된다. 옥스퍼드 백작의 생애는 셰익스피어 희곡작품에 등장하는 인물 및 사건들과 많은 유사성이 있다. 예를 들어, 옥스퍼드 백작의 아버지가 1562년에 사망하자 곧바로 그의 어머니가 재혼한다. 거투르드Gertrude의 성급한 재혼은 옥스퍼드 백작이 자신의 어머니에 대해 지녔던 불편한 감정을 보여주는 증거로 채택된다. 또 그의 후견인이었던 윌리엄 세실William Cecil은 말하자면 폴로니우스Polonius와 비슷한 왕의 조신이었고, 세실의 딸인 앤과 결혼한 것은 햄릿과 오필리어의 관계와 유사하다는 것이다. 앤 세실Anne Cecil과 오빠 토마스 세실Thomas Cecil은 오필리어와 레어티즈Laertes의 관계와 일치한다고 말한다. 또한 옥스퍼드는 유럽을 여행하던 중에 해적에게 붙잡힌 적이 있었다. 이 모든 것들이 『햄릿』을 옥스퍼드의 실제 경험을 기반으로 창작한 작품이라는 증거로 제시된다. 그러나 이런 주장은 허점이 너무 많다. 소재적 유사성으로 따지자면, 사실 유사점 못지않게 다른 점이 많다는 사실을 얼마든지 들이댈 수 있기 때문이다. 예컨대 옥스퍼드 백작의 아버지는 살해되지 않았다. 독살도 아니다. 아버지가 죽었을 때, 햄릿과 달리 옥스퍼드 백작은 겨우 12살이었다. 그의 어머니는 1년이 지나 재혼했으며, 재혼 상대도 남편의 동생이 아니다. 세실의 딸 앤을 수녀원으로 가라고 요구하는 대신, 그녀와 결혼했다. 앤은 자살하지도 않았고, 16년을 함께 살다가 자연사했다. 그녀의 오빠는 한 명이 아니고 여럿이었지만, 옥스퍼드와 특별히 친밀하지도 그렇다고 눈에 띄는 갈등관계에 있지도 않았다. 옥스퍼드 주의자들이 발견한 유사성이란 보고 싶은 것만을 보려는 태도의 소산일 따름이다.

오그번 부부의 책이 출간된 이후, 셰익스피어 원저자 논쟁은 새롭게 활기를 띠기 시작했다. 1957년에는 미국에서 "셰익스피어-옥스퍼드 협회"The Shakespeare Oxford Society가 창립되었다. 그렇지만 이에 대한 인기와 관심도 얼마 지나지 않아 시들해졌으며, 1974년에 이르면 셰익스피어-옥스퍼드 협회 회원이 80명으로 줄어들게 되어 고사 위기에 빠졌다. 1976년에 오그번 부부의 아들 찰튼 오그번 2세Charlton Ogburn, Jr.를 새로운 회장으로 선출하며 변화를 꾀한다. 그들은 전공학자들과 논쟁하지 않고 직접 대중에게 호소하는 전략을 취한다. 전문가들이 아니라 대중들의 관심과 인정을 강조하는 홍보 방식을 택한 것이다. 1984년 찰튼 오그번 2세는『윌리엄 셰익스피어의 비밀: 신화와 실재』*The Mysterious William Shakespeare: the Myth and the Reality*라는 900페이지에 이르는 두꺼운 책을 출판한다. 이 책의 출간이 옥스퍼드 설에 새로운 전기를 제공하였다. 그러나 이 책에 새로운 근거가 더 추가되었다거나 주장이 더 설득력 있게 다듬어졌기 때문이라기보다는, 그가 새로운 미디어를 매우 공격적으로 이용하는 전략에 성공했기 때문이었다. TV 토크쇼에 적극 참여하고, 일반인을 대상으로 논쟁적인 토론을 벌였다. 모의재판, 언론매체, 텔레비전, 인터넷, 다큐멘터리 영화 등, 자신의 홍보를 위해서는 어디든 찾아갔다. 이런 전략을 통해 오그번은『뉴요커』*The New Yorker*, 1988,『아틀란틱 먼슬리』*Atlantic Monthly*, 1991,『하퍼스 메거진』*Harper's Magazine*, 1999과 같은 미국의 대표적인 저널에 자신의 의견을 적극 개진할 창구가 되어 준 논쟁적인 특집을 만들어 낼 수 있었다. 1992년 미국 전역에 방송되었던 세 시간짜리 다큐멘터리, 〈셰익스피어의 비밀을 밝히기: 최신 정보〉Uncovering Shakespeare: An Update는 그의 전략이 얼마나 성공적이었는지를 보여주는 단적인 사례였다.

옥스퍼드 백작과 관련하여 종종 인용되는 16–17세기의 자료들 중 몇 가지를 간략히 소개한다. 엘리자베스 시대의 학자 조지 퍼트남George Puttenham은 1589년 『영국시의 예술성』*The Arte of English Poetry*이라는 책을 출판하는데, 거기에 옥스퍼드 백작이 희곡을 썼다는 언급이 있다. 옥스퍼드 지지자들이 즐겨 인용하는 증거다. 원문의 일부를 옮겨 보면 다음과 같다.

> 버커스트 경Lord of Buckhurst과 에드워드 페리스Edward Ferrys는 내가 살펴본 바에 의하면 비극에 관해서 최상의 칭찬을 받을 자격이 있다. 옥스퍼드 백작 그리고 여왕 폐하의 예배당 소속인 에드워즈Edwardes는 희극Comedy과 막간극Enterlude에서 찬사를 받아 마땅하다.

퍼트남의 언급은 확실히 옥스퍼드 백작에게 극작 경험이 있으며, 특히 희극과 막간극을 쓴 적이 있다는 증거로 그런데 조금 다른 인상을 주는 자료도 있다. 셰익스피어의 이름이 언급되었던 프랜시스 미어즈Francis Meres의 책, 『재치의 보고』*Palladis Tamia*, 1598에는 다음과 같은 대목이 등장한다.

> 우리들 사이에서 희극에 탁월한 작가는 옥스퍼드 백작 에드워드, 옥스퍼드 대학의 게이저 박사Dr. Gager, 캠브리지 대학 펨브로크 홀의 탁월한 학자인 로울리Rowly, 여왕 폐하 예배당의 에드워즈, 수려한 문장과 재치로 가득한 존 릴리, 로지Lodge, 개스코인Gascoigne, 그린, 셰익스피어, 토마스 내쉬, 토마스 헤이우드, 플롯을 잘 만드는 앤소니 먼데이Anthony Munday, 채프먼Chapman, 포터 Porter, 윌슨Wilson, 해써웨이, 그리고 헨리 체틀Henry Chettle이 있다.

미어즈의 인용문에서 흥미로운 점은 옥스퍼드 백작이 희극에 능한 작가로 소개되어 있지만, 동시에 몇 줄 아래 셰익스피어의 이름이 별도로 언급되어 있다라는 것이다. 프랜시스 미어즈가 이런 기록을 남긴 1598년에는 옥스퍼드 백작과 셰익스피어가 서로 다른 활동을 한 작가로 언급되었다는 점에 주목해야 한다. 또한 1600년에 출판된 존 본데남John Bondenham의 잡문모음집 『벨베데르 또는 뮤즈의 정원』*Belvedere or the Garden of the Muses*에도 당대의 중요 시인들이 나열되어 있는데, 에드워드 드 비어는 귀족 출신 작가들과 함께, 반면에 셰익스피어는 평민 출신 작가들과 함께 거론되고 있다. 옥스퍼드 지지자들의 주장이 맞으려면, 이 시기에 옥스퍼드는 한 편으로 본인의 이름으로 희극을 발표하고, 다른 한편으로는 셰익스피어라는 가짜 이름으로 비극과 역사극을 쓰고 있어야 한다. 퍼트남과 미어즈가 칭찬했던 옥스퍼드의 희극들은 현재 남아 있는 것이 없다는 것도 논란을 부추긴다. 옥스퍼드 지지자들은 이것마저도 셰익스피어의 희극들이 그의 것임을, 즉 옥스퍼드가 이미 발표했던 희극들도 셰익스피어의 것으로 둔갑했다는 증거로 내세운다.

이쯤에서 우리는 옥스퍼드 백작에 대해 조금 더 자세히 살펴보기로 한다. 에드워드 드 비어는 1550년에 제 16대 옥스퍼드 백작이던 존 드 비어John de Vere의 외아들로 태어났다. 아버지가 1562년에 사망한 후, 12살의 나이로 백작 작위를 물려받았다. 하지만 성년이 되기까지 엘리자베스 여왕의 총신이었던 윌리엄 세실이 후견인 역할을 하였으며, 세실의 집에서 어린시절을 보냈다. 세실의 딸이었던 앤과 결혼하여 다섯 자녀를 두었다. 마창시합을 좋아하고, 프랑스와 이태리 등 대륙의 여러 나라를 두루 여행하고 돌아왔으며, 엘리자베스의 궁정에서 사랑의 소네트 시를 창작하여 유통시켰던 작가이기도 했다. 옥스퍼드 백작은 16편의 시를 남겼으며, 논란의 여지는 있지만 추가로 다른 4편의 저자일 것으로 여겨지기도 한다. 그의 작품들 대부분은 1570년대, 즉 그가 아직 20대였을 때의 작품으로 추측된다. 물론 가장 늦게 쓴 작품으로 1592년의 시도 있다. 옥스퍼드 백작은 당시의 예술가에게 아주 통 큰 후견인으로 정평이 나있었다. 시인이나 극작가뿐만 아니라 음악가, 곡예사, 심지어 공연용 동물도 후원했다고 한다. 성격이 불같고 직설적이고 무모하기도 해서 여러 스캔들에 연루되고 자주 곤란한 상황에 빠지곤 했던 것으로 알려진다. 1580년경에 엘리자베스 여왕으로부터 내쳐지고 궁정 출입이 금지되었는데, 그녀의 시녀였던 앤 바바수Anne Vavasour를 몰래 임신시켰기 때문이었다. 1583년 여왕과 화해를 하지만, 그 이후로 다시는 여왕의 총애를 받지 못했다. 그렇다고 엘리자베스 여왕이 그를 완전히 내친 것은 아닌 듯한데, 그의 경제적 어려움을 알게 된 여왕이 1586년 연간 천 파운드의 연금을 하사하기도 하였다. 1604년 경제적으로 매우 궁핍한 처지에 놓인 채로 사망에 이른다.

옥스퍼드 백작이 연극계와 관련이 많았다는 사실은 옥스퍼드 원저자론의 주요한 근거 중 하나이다. 그의 아버지는 옥스퍼드 맨Oxford's Men이라 불리는 극단의 후견인이었고, 아버지의 사망 이후 옥스퍼드 백작 자신 또한 후견인을 자임했다. 1580년부터 워릭 백작의 배우들Earl of Warrick's Players을 물려받아 극단을 후원하였고, 소년극단을 동시에 지원했다고 한다. 옥스퍼드 맨 극단은 1580–87년에 주로 지방으로 순회공연을 다녔으며, 그들의 공연에는 곡예사, 마술사, 동물들의 출현이 빈번했다. 1580년대의 대표적인 극작가 존 릴리는 옥스퍼드 백작의 비서로 일하기도 했으며 앤쏘니 먼데이같은 극작가와 함께 그의 극단에서 활동했다. 옥스퍼드 맨 극단은 옥스퍼드 배우들Oxford Players이라고도 불렸으며 1602년까지 활동한 후 해체되었다. 옥스퍼드 설을 주장하는 이들은 극단을 후원하고 연극공연을 좋아했다는 점에서, 그리고 연극계와 밀접한 관계를 유지했다는 점에서, 옥스퍼드 백작이 셰익스피어 작품의 진짜 저자였다고 주장한다. 하지만 정작 자신의 후견 극단에 극작이나 공연의 차원에서 공헌한 바가 많지 않다는 사실에 대해서는 침묵한다. 옥스퍼드 자신이 후원하던 극단과 경쟁관계에 있던 로드 체임벌린 극단에 작품을 몰아줄 이유가 있었을까? 프랜시스 미어즈나 존 본데남의 동시대 기록이 말해 주듯이, 그는 이미 "희극"작가로 여러 사람에게 알려져 있었던 상황이었다. 즉 그가 자신의 신분을 감추면서까지 희곡창작 활동을 했다는 가정은 이미 희극작가로 알려진 마당에 여러모로 근거가 부족하다. 설령 그가 비밀리에 비극과 역사극을 썼다 하더라도 그것이 셰익스피어야 할 이유가 전혀 없다. 셰익스피어가 먼 훗날 국민적, 아니 전 세계적 작가로 추앙받게 되리라는 사실을 제외하고는.

옥스퍼드 설은 최근에도 많은 추종자들을 거느리고 있으며 비슷비슷한 내용을 다루는 책들이 다수 출판되었다. 예컨대 2005년에는 마크 앤더슨Mark Anderson이 『셰익스피어의 다른 이름: 제 17대 옥스퍼드 백작 에드워드 드 비어의 생애』*'Shakespeare' by*

*Another name: The Life of Edward de Vere, Earl of Oxford*를 출판하였다. 특히 인터넷으로 가면 옥스퍼드 설을 주장하는 사람들이 여전히 활발하게 활동 중이다. 예를 들어 "옥스퍼드-셰익스피어-펠로우십"Shakespeare Oxford Fellowship과 관련 홈페이지는 그들의 전략적 교두보이다. 오래건 주 포틀랜드 시에 위치한 콩코디아 대학교Concordia University에서는 매년 원저자 논쟁 관련, 주로 옥스퍼드 설 지지자들이 모여 학술대회를 열고 서로의 주장을 공유한다.

셰익스피어 원저자론을 둘러싼 재판들

가짜 셰익스피어설이 대중의 이목을 사로잡은 것이 최근의 일만은 아니다. TV나 인터넷이 출현하기 전에는 신문이 있었다. 신문에 실리기 가장 좋은 방법은 이 문제를 법의 심판대로 끌고 가는 것이다. 셰익스피어의 신원을 둘러싼 재판의 역사는 19세기 말까지 거슬러 올라간다. 미국의 정치가이자 작가였던 이그나티우스 도넬리Ignatius Donnelly는 1887년 두 권의 셰익스피어 관련 서적을 출판했는데 암호해독술을 활용하여 진짜 셰익스피어는 프랜시스 베이컨이라는 것을 발견했다는 주장을 편다. 『위대한 암호술: 소위 셰익스피어의 희곡에 심어진 프랜시스 베이컨의 암호』*The Great Cryptogram: Francis Bacon's Cipher in the So-Called*

*Shakespeare's Plays*와 『셰익스피어 신화』*The Shakespeare Myth*라는 책이었다. 그의 주장을 둘러싸고 모의재판이 열렸으며 그 결과가 보스톤 지역의 월간지 『아레나』*The Arena*에 게재 되었다. 도넬리가 원고였고 셰익스피어 전공자를 포함한 여러 사람이 증인으로 소환되었던 이 모의 재판은 결국 셰익스피어가 셰익스피어인 것으로 결론을 내린다. 셰익스피어의 진위를 둘러싼 최초의 재판이었다.

1916년 미국 시카고에서 또 다른 셰익스피어 관련 재판이 열렸다. 영화 제작자였던 윌리엄 니콜라스 셀리그William Nicholas Selig는 셰익스피어 관련 영화를 준비 중이었는데, 베이컨 셰익스피어설을 주장한 조지 파비안George Fabyan 때문에 막대한 손해를 입었다고 법정에 고발하였다. 이 재판에서 판사 리차드 툿힐Richard Tuthill은 베이컨이 진짜 셰익스피어라고 판결하고 오히려 셀리그에게 5천 달러를 배상하라는 판결을 내린다. 그러나 이 판결을 두고 엄청난 반발과 후폭풍이 몰아치지 툿힐은 자신의 판결을 철회하였고, 후임 판사였던 프레드릭 스미스Frederick A. Smith는 기소 자체를 기각하기에 이른다.

AHA! SHERLOCK IS OUTDONE!

The Great Shakespeare Mystery Is No Longer a Mystery; It Has Been Solved Right Here in Chicago, and the Spirit of Lord Bacon Says: "I Am Content with My 1916 Glory."

COL. GEORGE FABYAN *JUDGE RICHARD S. TUTHILL* *WILLIAM SHAKESPEARE LORD BACON* *COL. WILLIAM N. SELIG*

AMONG experts in free advertising there is much speculation as to who will get the most publicity following the suit brought by Col. Selig against Col. Fabyan. Some authorities in press work believe it the greatest publicity "stunt" ever attempted.

There is a general belief that Col. Selig will benefit the most, because motion pictures are a more popular diversion than perusing volumes of Baconian cipher. And, in view of the fact that Col. Selig proposes to present Shakespearean plays on the screen much merit was seen in the suit against Fabyan.

Cols. Selig and Fabyan are not the enemies one might expect in such an extreme litigation. In fact, they are great cronies. Out in Geneva Col. Fabyan is master of a beautiful estate known as Riverbank. It is a miniature Japan. This is in honor of Mrs. Fabyan, who is a Japanese. There are wonderful formal gardens and Japanese landscape work, rendering a miniature Japan effect to give Mrs. Fabyan the atmosphere of her beloved native land.

One of Col. Selig's most valued scenario writers for his motion picture plant is Onoto Watanna, a Japanese girl of much talent. In preparing her scenarios she has been a guest of Mrs. Fabyan, and Col. Selig, too, has been wont to grace the table of his friend, Col Fabyan.

It is said that Col. Selig was the guest of Col. Fabyan on the day before the famous Shakespeare-Bacon suit was filed.

Estimates on the amount of publicity are varied. Some experts say Col. Selig will get as much as 10,000,000 columns of free advertising.

그림 14 1916년 시카고 트리뷴에 실린 파비안-셀리그 재판 관련 기사

1987년 9월 25일 미국 워싱턴 DC에서는 3명의 연방대법관들이 주재하는 1일 모의법정Moot Court이 열렸다. 이 자리는 옥스퍼드 원저자론을 주장하는 사람들이 자신들의 주장을 입증하는 자리였다. 판사들은 옥스퍼드 원저자론이 지나치게 음모론에 의지하고 있으며, 제시된 근거들의 신빙성이 떨어진다고 판결한다. 옥스퍼드가 셰익스피어라는 충분한 증거가 없다고 판시한 것이다. 옥스퍼드 지지자들은 재판에서 패했지만, 결과적으로 엄청난 성공을 거둔다. 연방대법원 판사들이 이 문제를 다룸으로써 전국

적인 관심을 끌어내는 데 성공했기 때문이다. 이 모의재판은 엄청난 반향을 일으켰으며 이후 옥스퍼드 설 확산에 촉매제가 되었다.

1988년 11월 26일 전년도에 미국에서 열렸던 재판을 이어받아 런던에서 재심이 열렸다. 이번에는 셰익스피어 학자들이 대거 참석하여 스트랫포드 출신 셰익스피어가 진짜임을 주장하였다. 재판 결과는 셰익스피어가 셰익스피어이며, 미국에서의 판결이 타당하다는 결론을 내렸다.

그러나 이런 거듭된 재판의 패배에도 불구하고, 결론적으로 승자는 옥스퍼드 지지자들이었다. 셰익스피어 작품의 저자를 둘러싼 쟁점을 대중적 논쟁으로 만들고, 자신들의 정당성을 대중적 관심의 형태로 부각시킴으로써 TV와 대중매체 시대의 승자가 된 것이다. 오그번 이후의 홍보 전략과 활동이 먹혀들었음을 이보다 더 분명하게 보여주는 예는 많지 않다. 1990년대에 들어서면 TV와 언론을 넘어서 인터넷을 적극적으로 활용하기 시작하고, 특히 위키피디아 같은 온라인 지식포털은 그들의 주요 활동 거점이 되었다. 맹렬한 덕후들의 게릴라식 공략법은 SNS시대에 안성맞춤인 완벽한 방책이었다.

실제로 두 번의 재판 이후, 1989년 미국의 PBS방송은 자신들의 대표적인 시사 프로그램 "프론트라인"The Frontline에서 〈셰익스피어 수수께끼〉The Shakespeare Mystery라는 다큐멘터리를 제작하고 방영하였는데, 당시로는 기록적인 350만 명의 미국인들이 시청하였다. 시청률에 고무된 PBS는 1992년 같은 프로그램을 통해 〈셰익스피어를 파헤치기〉Uncovering Shakespeare: an Update라는 3시간 동안의 좌담회를 중계하기에 이른다.

대중적인 저널들도 이 논쟁에 가세하기 시작하였다. 1991년에는 『애틀란틱 먼슬리』가 셰익스피어 원저자 논쟁을 특집으로 만든다. 톰 베셀Tom Bethell이 옥스퍼드를 지지하고, 어빈 리 마터스Irvin Leigh Matus는 셰익스피어를 지지하는 글을 각각 실었다. 1999년에는 『하퍼스 매거진』이 "셰익스피어의 유령"the Ghost of Shakespeare이라는 제목의 특집호를 만들었고, 옥스퍼드 지지자와 셰익스피어 지지자를 각각 4명씩 동원하고 각자 자신들의 주장을 펼치도록 논쟁 구도를 만들었다. 이런 논쟁적 특집은 옥스퍼드 백작을 스트랫포드 셰익스피어와 동급의 정당성과 위상을 확보한 후보로 부각시키는 엄청난 프리미엄을 만들어 냈다. 덕분에 옥스퍼드 설은 다른 어떤 후보를 지지하는 진영보다 더 강력한 진지를 구축할 수 있었다. 셰익스피어에 대적할 단 하나의 대표자가 되었다고나 할까!

2007년 "셰익스피어 원저자 연합"Shakespeare Authorship Coalition은 "윌리엄 셰익스피어의 정체에 관한 합리적 의심의 선언문"Declaration of Reasonable Doubt about the Identity of

William Shakespeare"을 온라인에 공개하였다. 스트랫포드 셰익스피어가 셰익스피어일 리가 없다는 내용을 담은 이 선언문에 대해, 2015년 7월까지 약 3200명의 동의 서명을 받았다. 2007년 런던에 소재하는 브루넬대학교Brunel University에는 "셰익스피어 원저자 연구"Shakespeare Authorship Studies 전공이라는 석사과정을 만들었다. 물론 이와 같은 안티 스트랫포드 주의자들의 성장세에도 불구하고, 2007년 4월 22일자 뉴욕타임즈의 설문조사(265명의 미국 대학 재직 셰익스피어 전공교수들 대상)에 따르면 약 6퍼센트만이 안티 스트랫포드 주의자들의 주장에 동조하고 있으며, 약 11퍼센트는 그럴 수도 있을 것이라고 생각하고 있다고 한다. 반면, 약 61퍼센트는 그런 주장에 아무런 근거가 없다고 여기고 있으며, 약 32퍼센트는 원저자 논쟁 자체가 시간 낭비일 뿐이라고 여기고 있는 것으로 나타난다.

맷 쿠버스Matt Kubus는 2012년까지 제출된 스트랫포드 셰익스피어의 대체 후보만도 80명에 이른다고 보고하면서, 자신이 글을 쓰는 순간에도 3명의 새로운 후보가 추가되었다고 고백한다. 셰익스피어가 누구인가를 둘러싼 다양한 주장과 논쟁은 사그라질 줄 모르는 불꽃처럼 끊임없이 새로운 추측의 원료들을 제공하며 타오르는 듯하다. 2000년대에 들어와서도, 셰익스피어 미스터리를 향한 탐정들과 덕후들의 발길은 끊이지 않고 이어지고 있다. 예컨대 2005년에 헨리 네빌Henry Neville, 1564–1615이, 2006년에는 필립 시드니의 동생이자 펨브로크 공작부인이었던 메리 시드니 허버트Mary Sidney Herbert가, 2007년에는 푸크 그레빌Fulke Greville, 1554–1628이 새로운 진짜 셰익스피어 후보로 제시된 바 있다. 이 모든 논쟁을 잠재울 확고한 증거가 나타나지 않는 한, 그 숫자는 앞으로도 더 늘어날 것으로 보인다. 위키피디아의 "셰익스피어 원저자 후보 목록"List of Shakespeare Authorship Candidates에는 지난 150여 년 동안 진짜 셰익스피어 후보 물망에 오른 86명의 인물들이 알파벳 순서로 정리가 되어 있다.

최근에 제시된 기타 후보들

앞서 논의한 세 명의 후보가 가장 주목을 많이 받기는 했지만, 그동안 진짜 셰익스피어 후보로 제시된 작가들은 그 숫자가 모두 80명이 넘는다. 다음은 2000년대에 들어와 새롭게 부상한 후보들의 이름들이다.

(1) 2005년 조앤 앰브로즈Joanne Ambrose는 예수회 순교자였던 에드문드 캠피언Edmund Campion, 1540–1581이 셰익스피어라고 주장한다.

(2) 2006년 로빈 윌리엄즈Robin P. Williams는 『에이븐의 아름다운 백조』*Sweet Swan of Avon*라는 책에서 메리 허버트, 팸브루크 공작부인이 진짜 셰익스피어라고 주장. 메리 허버트는 시인 필립 시드니 경Sir Philip Sidney의 여동생이다.

(3) 2007년 손더스A.W.L. Saunders는 푸크 그레빌Fulke Greville, 1554–1628을 새로운 후보로 내세운다.

(4) 2007년 물리학자 출신 로버트 닐드Robert Nield는 윌리엄 헤이스팅즈William Hastings가 진짜 셰익스피어라고 주장한다. 그에 따르면 헤이스팅즈는 엘리자베스 여왕과 로버트 더들리Robert Dudley 사이에서 태어난 숨겨놓은 아들이다. 일종의 튜더왕자이론이라 하겠다.

(5) 셰익스피어의 소네트에 등장하는 검은 여인dark lady으로 여겨지기도 했던, 여성시인 에밀리아 래니어Emilia Lanier, 1569–1645가 셰익스피어라는 주장이, 2007년 존 허드슨John Hudson에 의해 제기 되었다.

(6) 2008년 브렌다 제임스Brenda James와 윌리엄 루빈스타인은 진짜 셰익스피어는 헨리 네빌Henry Neville, 1564–1615이라고 주장 하였다.

(7) NASA에 근무하는 과학자 사브리나 펠드만Sabrina Feldman은 2011년 토마스 세크빌Sir Thomas Sackville이 진짜 셰익스피어라는 주장을 담은 두 권의 책을 출판하였다.

04

셰익스피어는 가짜인가?: 음모론 시대의 원저자 논쟁

04

스트랫포드 셰익스피어

안티 스트랫포드 주의자들의 새로운 저술들이 거의 매년 쏟아지고 있는 상황에서, 그리고 셰익스피어 가짜설에 대한 대중의 관심이 전혀 줄어들지 않는 시점에서, 그리고 특히 인터넷을 중심으로 그와 같은 주장이 급속히 확산되는 시점에서, 전문 셰익스피어 연구자들이 드디어 적극적으로 반격에 나선 것으로 보인다. 특히 옥스퍼드 셰익스피어설을 전면화했던 2011년 영화 〈어나니머스〉는 스트랫포드 셰익스피어 진영을 크게 자극했는데, 2011년을 전후하여 옥스퍼드 설을 비롯한 안티 스트랫포드 주의를 비판하는 목소리가 상당히 적극적으로 들려오고 있다. 특히 "셰익스피어 생가 법인"Shakespeare Birthplace Trust이 가장 조직적으로 반격에 나서고 있다. 2011년에는 "셰익스피어와 함께 보낸 60분: 셰익스피어는 누구였나?" 60 Minutes with Shakespeare: Who was William Shakespeare?라는 제목의 블로그를 통해 60명의 학자, 명사, 지성인을 동원하여 셰익스피어 원저자를 둘러싼 논쟁을 진화하려고 시도하였다. 또 같은 해, 스탠리 웰즈Stanley Wells와 폴 에드먼슨Paul Edmundson이 공동으로 제작한 팸플릿 『셰익스피어의 역공』*Shakespeare Bites Back*을 온라인 상에서 무료 배포하며 〈어나니머스〉의 옥스퍼드설을 조목조목 비판한 바 있다. 이들은 다시 2013년 『의심의 여지없는 셰익스피어』*Shakespeare Beyond Doubt*에서 셰익스피어 원저자 논쟁을 정조준하고, 특히 가장 유력하게 제시된 세 명의 후보들이 결코 셰익스피어일 수 없다는 주장을 강력하게 개진한다.

클래어몬트 셰익스피어 클리닉

캘리포니아의 클래어몬트 대학원의 교수였던 워드 엘리엇Ward Elliott과 로버트 발렌자Robert J. Valenza는 셰익스피어 작품의 진짜 저자를 가리기 위해 1987년 클레어몬트 셰익스피어 클리닉The Claremont Shakespeare Clinic을 개설하고 컴퓨터를 이용하는 다양한 분석 방법을 개발하여 실험을 진행한다. 이 실험은 이후 14년 동안 진행되었으며 매번 조금씩 다른 방법으로 셰익스피어 작품을 비교 분석하였다. 가짜 셰익스피어설을 가설로 받아들이고 작업을 시작했던 이들은 예를 들어, 셰익스피어의 작품들을 그동안 진짜 후보라 주장되었던 37명의 작가들이 남겨 놓은 작품들과 문체론적 비교를 했으며 셰익스피어 작품의 언어를 다양한 접근법으로 해명하고자 하였다. 14년 동안의 연구에 따른 그들의 결론은, 셰익스피어의 작품에는 여러 명이 쓴 것이라기보다 한 명이 썼다고 보아도 좋을 만큼 문체론적 일관성이 있다는 것이다. 또한 그동안 제기된 37명의 후보 중 어느 누구도 진짜 저자라고 부를 수 있을 만큼 문체론적 유사성을 보인 경우는 없었다고 한다. 그들은 2010년을 마지막으로 연구를 중단하였으며, 셰익스피어 작품의 저자는 셰익스피어라고 결론을 내린다.

[웹사이트: http://www1.cmc.edu/pages/faculty/welliott/shakes.htm]

셰익스피어에 관한 동시대의 기록들

셰익스피어 가짜설들은 대부분, 셰익스피어의 뒤에 숨어 있던 진짜 작가는 동시대의 모든 사람들을—자신의 주변인, 극단의 배우, 연출가, 주주와 같은 여러 관계자들, 동시대의 극작가 및 문인들, 그리고 일반인들 모두를—감쪽같이 속였으며, 그의 사망 직후는 물론이고 이후 250여 년 동안 누구도 의심할 수 없도록 완벽하게 자신을 숨겨 왔다고 가정한다. 스트랫포드 출신 셰익스피어에 관한 기록들은 죄다 위대한 천재 작가 셰익스피어와는 다른 인물을 가리키고 있다고 말하고 싶어 한다. 그러나 셰익스피어에 관한 기록이 재판이나 부동산 거래와 같은 공적인 기록만 있는 것은 아니다. 동시대의 작가들이나 학자들이 남겨 놓은 수많은 기록들이 우리에게 있다. 앞에서 이미 살펴보았던 로버트 그린과 프랜시스 미어즈의 기록들, 그리고 벤 존슨의 기념축시만 남아 있는 것이 아니다. 동시대인들이 셰익스피어가 셰익스피어였음을 확신하였고 그의 극작품을 향유했다는 증거들이 적지 않다. 여기에서 우리는 대표적인 동시대의 기록 몇 가지를 소개하고자 한다. 이 정보들은 스트랫포드 셰익스피어 지지자들의 논의에 빈번하게 등장하는 것들이다.

1598년에서 1602년 사이에 캠브리지 대학교의 세인트 존스 칼리지St. John's College에서는 "파르나서스 연극"The Parnasuss plays이라고 명명된 3부작이 무대에 올려진다. 이 희곡들은 각각,

1) 『파르나서스로의 순례』*The Pilgrimage to Parnassus*, 2) 『파르나서스로부터 귀향』*The Return from Pasnassus*, 3) 『파르나서스로부터 귀향 2부』*The second part of the Return from Parnassus*로 불렸다. 그런데 두 번째 작품에서 굴리오Gullio라는 인물이 셰익스피어의 시와 연극을 언급하며 그를 매우 존경한다고 말한다. 굴리오는 셰익스피어의 작품 『비너스와 아도니스』, 『로미오와 줄리엣』 같은 작품에서 멋지고 세련된 문장을 인용하며 여성을 유혹하려고 시도한다. 반면, 그의 동료 인제니오소Ingenioso는 굴리오의 면전에서는 칭찬하지만, 혼자말로 굴리오의 허영심을 조롱한다: "이러다간 극장에서 주워들은 시구절들과 셰익스피어에서 빌어온 표현밖에 남아나지 않겠구먼." 굴리오는 "오 아름다운 셰익스피어"를 반복하고, 인제니오소 역시 "아름다운 셰익스피어"를 연발하며 맞장구를 친다. 드라마 속에 등장하는 이 장면을 곧장 셰익스피어에 대한 승인 혹은 긍정적인 평가라고 읽을 수는 없다. 굴리오는 잘난 체하고 허세 가득한 인물이자, 속임수에 쉬 넘어가는 조금 모자란 인물이기 때문이다. 또한 3부작의 마지막 작품에서는 켐프Kempe(틀림없이 셰익스피어의 동료배우였던 윌 캠프를 모델로 삼은 것일 텐데)라는 인물이 등장하여 "대학교를 졸업한 자들 중에 글을 제대로 쓰는 자가 없지 ... 거봐, 우리 동료 셰익스피어가 이것들을 죄다 썼잖아."라고 떠벌린다. 캠브리지 대학생들의 아마추어 연극작품들이 증언하는 분명한 사실은, 1592년에 그린의 질시어린 조롱을 받

았던 셰익스피어가 1600년을 전후하여 캠브리지 대학생들의 공연에 수차례 등장할 만큼 주목을 받았다는 점이다. 물론 해석의 여지는 충분히 열려있지만.

1595년 3월 15일 엘리자베스 여왕의 재무담당관Treasurer of the Queen's Chamber은 셰익스피어와 그의 동료 윌리엄 켐프와 리차드 버비지에게 궁정에서 열린 공연들에 대한 대가로 돈을 지불한다. 이는 한 해 전 크리스마스 시즌에 로드 체임벌린 극단이 여왕 폐하를 위해 "여러 편의 희극과 막간극"을 공연한 대가였다. 또한 1599년 5월 16일에는 상법재판부Chancery에서 열린 청문회에서 셰익스피어와 그의 동료들이 여왕으로부터 글로브 극장의 점유권을 인정받는다. 1603년 5월 19일에는 셰익스피어의 극단이 자신들을 킹즈맨으로 칭할 수 있도록 허가하는 왕의 교지가 공식적으로 발급되었다.

1600년 8월 23일자 출판업자조합기록Stationer's Register에는 다음과 같은 내용이 등재되어 있다.

> 담당자들에게 두 작품이 각각 한 부씩 제출되었다. 하나는 『공연한 헛소동』이라는 제목이고, 다른 하나는 유머스러운 존 폴스타프 경이 등장하는 『헨리 4세의 역사 제 2부』이다. 윌리엄 셰익스피어에 의해 쓰였다.

출판업자조합기록과 관련된 1607년 11월 26일자 내용도 보라.

> 조지 벅 경의 후견 아래 윌리엄 셰익스피어의 『리어 왕의 역사』라는 작품이 제출되었다. 크리스마스 축제 기간이던 세인트 스트븐스 밤에 화이트 홀 궁전의 국왕폐하 앞에서 뱅크사이드의 글로브 극장에서 공연을 하곤 했던 폐하의 하인들에 의해 상연되었던 것과 동일한 내용이다.

앞에서 이미 소개한 바 있는 프랜시스 미어즈의 책에는 다음과 같은 구절들도 등장한다.

> 필립 시드니 경, 스펜서, 다니엘, 드레이튼, 워너, 셰익스피어, 말로우, 채프먼과 같은 작가들이 아주 귀한 장식과 빛나는 의복을 묘사함으로써 영어가 매우 풍요롭고 눈부시게 아름다워졌도다.

> 오비디우스의 향기롭고 재기 넘치는 영혼이 셰익스피어의 감미롭고 달콤한 언어 속에서 되살아난다. 그의 비너스와 아도니스, 루크레스의 겁탈, 그리고 동료들 사이에 돌아다니는 그의 달콤한 소네트를 읽어 보라.

플로터스와 세네카가 로마에서 희극과 비극을 가장 잘 만드는 작가들로 정평이 나 있는 것처럼, 영국인들 중에서 셰익스피어는 무대 연극을 위한 두 장르 모두에서 가장 뛰어나다. 희극으로는 베로나의 두 신사, 실수연발, 사랑의 헛수고, 그리고 사랑의 승리, 한여름 밤의 꿈, 마지막으로 베니스의 상인을 보라. 비극 작품으로는 리차드 2세, 리차드 3세, 헨리 4세, 존 왕, 타이터스 앤드로니커스, 로미오 줄리엣이 있다.

내가 감히 말하건대, 시의 여신이 영어를 할 줄 안다면 멋지고 세련된 표현을 위해서 셰익스피어와 대화해야 할 것이라 말하겠다.

미어즈가 셰익스피어를 위해 퍼붓는 아낌없는 찬사를 액면 그대로 받아들이기는 어렵다. 왜냐하면 그의 책에 등장하는 대부분의 작가들이 정도는 다르지만 모두 엄청난 칭찬을 받았기 때문이다. 25명의 영국시인 대부분이 상찬의 대상이 되었다. 특히 마이클 드레이튼Michael Drayton은 셰익스피어보다 더 많은 찬사를 듣는다. 그런 점에서, 미어즈의 칭찬이 셰익스피어 작품에 대한 객관적인 비평의 결과라고 여길 수는 없다. 하지만, 한 가지 분명한 것은 1598년에 셰익스피어가 동시대의 다른 작가들과 어깨를 나란히 할 만큼 능력을 인정받았고 대중적 인기를 누리고 있었다는 사실이다.

셰익스피어 동료 배우가 남긴 기록도 있다. 1605년 사망한 오거스틴 필립스Augustine Phillips는 로드 체임벌린 극단에서 셰익스피어와 같이 배우생활을 오래 하였다. 그는 5파운드의 유산을 극단의 고용자들에게 공평하게 나눠 주라는 유언과 함께, 자신의 동료 셰익스피어, 헨리 콘델, 크리스토퍼 비스톤Christopher Beeston에게 30실링의 유산을 남긴다. 셰익스피어가 로드 체임벌린 극단 소속이었음을 확인할 수 있는 대목이다. 물론 1605년이면 로드 체임벌린 극단은 킹즈맨 극단으로 바뀐 다음이었다.

셰익스피어의 극단 동료이자 그와 공동 작업을 여러 차례 한 바 있던 프랜시스 보몬트Francis Beaumont는 그의 희극『절구공이의 기사』*The Knight of the Burning Pestle*, 1607에서 벤 존슨에게 보내는 편지 형식을 빌어 셰익스피어에 관해 상찬한다.

> 여기에서 내 학문적인 것은 (만약 그런게 내게 있다면)
>
> 모두 다 내려놓겠다.
>
> 그리고 셰익스피어가 탁월함을 보였듯이,
>
> 내 글이 학술적인 것에 물들지 않도록 하겠다.

제임스 1세 시절의 대표적인 극작가 존 웹스터John Webster, 1580–1634는 1612년 그의 희곡 『하얀 악마』*The White Devil*의 서문에서 자신에게 영감을 준 여러 작가를 언급하고 감사하는 마음을 표시한다. 이때 셰익스피어 이름이 등장한다.

> 마지막으로 (이름이 마지막에 나온 것이 그들을 욕되게 하지 않기를) 셰익스피어, 데커, 헤이우드의 만족스럽고 방대한 업적에 힘입었는데, 내가 쓴 것이 그들의 작품이 만들어 내는 불빛 아래 읽혀지기를 고대한다.

이외에도, 1603년 윌리엄 캠던William Camden이 "우리 시대의 가장 넘치는 재간둥이이자 후대에 마땅히 존경받을" 셰익스피어라며 칭찬하기도 했으며, 헤러퍼드의 존 데이비스John Davies of Hereford는 1611년에 셰익스피어를 "우리 영국의 테렌티우스"라고 칭송하였다. 1614년 토마스 프리만Thomas Freeman이라는 작가는 "매스터 셰익스피어에게"라는 헌정시를 쓰고 그의 작품들을 두루 언급하기도 하였다. 17세기 영국 최고의 지리학자였던 존 스토우John Stow도 1615년 『연감』*Annales*의 "우리 시대의 가장 탁월한 시인 목록"에 셰익스피어의 이름을 올려놓는다. 셰익스피어가 사망한 1616년 이후에는 더 빈번한 그리고 더 과장된 칭찬을 수도 없이 발견할 수 있다.

이런 자료들이 확인해 주는 바는, 셰익스피어가 살아있을 때에 이미 상당한 명성을 얻었으며, 어느 정도 훌륭한 작가로 여겨졌다는 사실이다. 동시에, 동료 작가들로부터 받았던 질투와 무시 역시 상당한 정도였다는 점이다. 실제로 그의 사망 7년 후 그의 희곡 전집이 출간되었다는 점은 안티 스트랫포드 주의자들의 주장과 달리 그에 대한 당대의 평가가 상당했음을 보여주는 유력한 증거다. 벤 존슨이 1616년 처음 시작했던 이절판 작품집 출간은 영국 문학사상 셰익스피어가 두 번째였다. 게다가 벤 존슨이 생전에 스스로 전집 출간 작업을 주도했던 반면, 셰익스피어는 그의 사후 동료들에 의해 추진되었다는 점도 남다른 함의를 지닌다. 물론 이것은 지금 우리가 상상하는 것만큼, 즉 영문학 및 세계문학의 최고봉이라 여길 만큼 셰익스피어가 주목받았다는 의미는 아니다. 18세기 이후 그가 "시성"으로 추앙되던 수준과는 거리가 있지만, 살아있던 당시에 인기 작가의 반열에 이미 들어서 있었으며 동료들의 존경심도 남다른 정도였다는 것이 진실에 가까울 것이다.

셰익스피어의 교육 수준이 낮고 학식이 부족했다는 점은 셰익스피어가 가짜라는 주장의 출발점 중의 하나이며, 스트랫포드 출신 셰익스피어를 조롱하는 근거가 되곤 한다. 그를 불멸의 시인으로 추켜 세웠던 벤 존슨도 셰익스피어에게는 기술Art이 부족하다고 지적했다. 그 유명한 "라틴어는 조금 알고, 그리스어는 거의 모른다"Small Latin, Less Greek는 주장과 더불어, 셰익스피어는 고전에 대한 풍부한 지식이 없는데도 고전 작가들을 능가했다는 설명을 덧붙이기도 했다. 이런 논평들로 인해 그의 "무식"(?)은 거의 정설로 굳어지게 되었다.

하지만 셰익스피어가 받았을 것으로 예상되는 문법학교 교육이 예상보다 훨씬 포괄적이고 수준 높은 것이었음을 밝혀 주는 연구들 또한 적지 않다. 아무튼, 셰익스피어 작품에 나타는 고전에 대한 언급이나 표현들은, 실제로 당시 문법학교에서 흔히 교재로 사용했던 윌리엄 릴리William Lily가 편집한 라틴어 교재, 『기초 문법』*Rudimenta Grammatices*에 대부분 나오는 내용들이었다. 릴리의 라틴어 문법 책은 줄리어스 시저, 리비, 버질, 호라티우스, 플로터스, 테렌스, 세네카의 순서로 공부하도록 구성되어 있다.

셰익스피어의 교육이라는 맥락에서 전기 작가들은 종종 『윈저의 즐거운 아낙들』에 등장하는 라틴어 학습 및 교육 장면에 주목하기도 한다. 4막 1장에는 소년 윌리엄(셰익스피어의 작품들 중에서 윌리엄이라는 이름이 등장하는 것은 단 두 차례인데, 다른 하나는 『당신 좋으실 대로』이다)이 라틴어 문법을 배우고, 암기하고, 평가받는 장면이 나온다. 스트랫포드 셰익스피어를 지지하는 전기작가들은 이 장면이 엘리자베스 여왕 시기 문법학교의 전형적인 상황을 연상시킨다는 점을 지적한다.

『윈저의 즐거운 아낙들』의 소년 윌리엄처럼 셰익스피어가 문법학교에서 수학했고 그 교육과정에 충실했다면, 그의 희곡작품에 등장하는 라틴어와 고전문학에 대한 수많은 인용들은 전혀 이상할 것이 없다. 대학에 다녔는가는 그리 중요하지 않다. 고전문학에 대한 탁월한 식견으로 동료들의 존경을 받았던 벤 존슨 역시 대학 문턱에도 가보지 못했다. 문법학교에서 배웠을 만한 것은 말할 것도 없고, 20여 년 동안의 극단생활을 통해 도달하였을 지식의 정도와 지적인 성숙을 과소평가해서는 안된다. 공부가 교실에서만 이뤄지지 않는다는 것은 예나 지금이나 틀린 말이 아니다.

셰익스피어가 소위 대학 재사(University Wits)라고 불리는 동시대 작가들과 다른 점이 있다면, 라틴어나 그리스어 지식을 과시하려 하지 않았으며, 문학/희곡에 관한 고전적인 기준이나 규범을 곧이곧대로 따르지 않았다는 점일 것이다. 물론 셰익스피어의 작품에 위와 같은 요소들이 없는 것은 아니지만, 그것은 동료작가들과 공동 창작했던 작품들에서 상대적으로 더 두드러진다는 점만을 지적하기로 하자.

05

셰익스피어는 가짜인가?: 음모론 시대의 원저자 논쟁

05

공동 창작과 극작활동

위대한 천재작가라는 낭만주의적 문학관의 문제점은 많은 학자들에 의해 여러 차례 분석되고 비판되었으니 여기서 자세히 거론할 필요는 없겠다. 그렇지만 우리가 논의하는 원저자 논쟁의 맥락에서 중요한 것은 안티 스트랫포드 주의자들 대부분은 그와 같은 낭만주의적 문학관을 여전히 금과옥조로 여기는 경향이 있다는 사실이다. 그런 맥락에서, 집단창작의 가능성을 언급하며 셰익스피어 원저자 논쟁을 촉발시켰던 딜리아 베이컨의 입장은 차라리 예지적인 측면이 있다. 길버트 슬레이터Gilbert Slater는 1931년 『7인의 셰익스피어들』*The Seven Shakespeares*이라는 책을 통해 딜리아 베이컨의 최초 주장을 이어 받아 셰익스피어 작품의 집단창작설을 제기하기도 한다. 슬레이터는 물론이고 이런 주장의 상당수가 셰익스피어가 가짜라는 전제에서 이루어진다는 점은 조금 다른 차원에서 여전히 문제적이기는 하다. 그럼에도 불구하고, 16–17세기 작가를 바라볼 때 우리가 빠지기 쉬운 함정, 즉 자신만의 창작품을 만들기 위해 외롭고 쓸쓸하게 자기만의 방식으로 창작에 몰두하는 낭만주의적 천재라는 생각에서 벗어나서 공동의 작업, 집단적 지성의 협력적 결과로 셰익스피어 작품을 이해해야 할 이유를 상기시키고 있다는 점은 고무적이다.

안티 스트랫포드 주의자들이 낭만주의적 문학관에 따라 그의 천재성을 강조하면서도, 그들 대부분은 셰익스피어의 시가 아니라 희곡작품에 집중한다는 사실은 아이러니하다. 1593년에서 1594년 사이에 출간되었던『비너스와 아도니스』와『루크레스의 겁탈』이 셰익스피어의 동시대 명성 형성에 지대한 기여를 했다는 점을 고려하면 안티 스트랫포드 주의자들의 침묵은 흥미로운 현상이다. 셰익스피어를 탁월한 "시인"으로 간주하고자 하면서도 정작 그의 운문작품에 대해서는, 소네트를 제외하고 대부분 무시하기 때문이다. 반면에 공동 작업의 성격이 강한 희곡작품들로 시인의 천재성을 입증하려 든다는 점에서 문제적이다.

런던의 극장들이 문을 닫았던 시기였던 1592–94년 사이에 출판된『비너스와 아도니스』와『루그레스의 겁탈』은 시인 셰익스피어의 명성을 확고하게 만들어 주었다. 두 시작품이 연달아 출간될 수 있었던 것은 해당 기간 동안 역병으로 인해 극장이 폐쇄되었고 경제적인 어려움에 직면했기 때문일 가능성이 아주 높다. 두 작품으로 얼마나 많은 돈을 벌었을지는 알 수 없으나, 두 작품 모두 사우스햄턴 공작이었던 헨리 리슬리에게 헌정되고 있다는 점은 주목할 만하다. 많은 학자들이 사우스햄턴 공작이 그의 소네트에 등장하는 잘생긴 젊은이의 모델이었을 것으로 추정한다. 아무튼 두 작품은 실제로 셰익스피어가 살아있던 동안에 그의 여느 희곡작품 못지않게 자주 출간되었으며 지속적으로 독자들의 관심을 받았다. 1600년이 조금 지난 어느 시점에 캠브리지의 학자였던 가브리엘 하비Gabriel Harvey는 다음과 같은 말을 남겼다. “요즘 젊은 친구들은 셰익스피어의 『비너스와 아도니스』를 매우 좋아한다. 반면에 그의 『루크레스의 겁탈』과 비극 『햄릿왕자』는 더 지혜로운 사람들로부터 사랑을 받고 있다.”

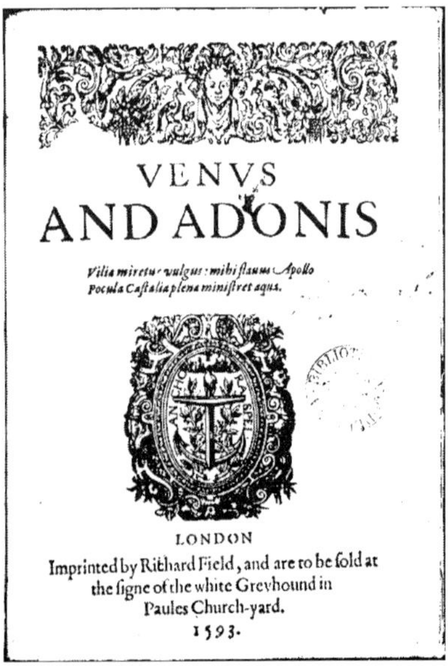

VENVS
AND ADONIS

Vilia miretur vulgus: mihi flauus Apollo
Pocula Caſtalia plena miniſtret aqua.

LONDON
Imprinted by Richard Field, and are to be ſold at
the ſigne of the white Greyhound in
Paules Church-yard.
1593.

그림 15 1593년 출간된 4절판 『비너스와 아도니스』 표지

앞서도 지적한 것처럼 안티 스트랫포드 주의자들의 약점 중의 하나는, 셰익스피어가 동료 극작가들과 많은 공동 작업을 했다는 점을 무시한다는 사실이다. 셰익스피어를 대체하는 한 명의 "진짜" 작가를 추적하고 발굴하려는 그들의 작업은 공동 창작자 셰익스피어의 창작과정에 대한 무지 혹은 무시에 다름 아니기 때문이다. 셰익스피어의 경우 실제로 자신의 동료 작가들과 함께 작업했다는 증거는 충분히 많다. 그것은 셰익스피어만의 특수한 예가 아니라, 르네상스 시기 영국의 극작가들의 경우 대부분 그러했다. 그의 극작 경력 대부분의 기간 동안 여러 차례 공동 작업을 했지만, 특히 말년에 상당히 많은 작품을 함께 만들었다. 마지막 시기의 작품 10편 중에서 절반이 공동 창작이었을 정도다.

공동 창작에 대한 강조가 셰익스피어의 이름으로 알려진 작품들의 상당수는 분명히 셰익스피어의 단독 작품들이었다는 점을 부인하는 것은 아니다. 제프리 냅Jeffrey Knapp 같은 학자는 셰익스피어가 동시대 작가들과 다른 점은, 자기 스스로 작가라는 자의식을 구성하며 독자적이고 독립적으로 작업할 수 있는 영역을 끊임없이 만들어 내고자 했다는 사실에 있다고 주장하기도 한다. 그러나 그가 혼자 창작했던 작품이라 할지라도 현재 우리가 읽고 보고 경험하는 셰익스피어의 작품은 그가 단독으로 창조했던 당대의 텍스트로만 국한되지 않는다.

우리가 공동 창작자로서의 셰익스피어를 이야기하는 것은, 연극이라는 장르가 태생적으로 공동의 참여와 노력을 필수적으로 요구한다는 차원만의 이야기는 아니다. 공동 창작이 항상 성공적이었던 것은 아니지만, 공동으로 작업함으로써 시간을 아낄 수도 있었고 상업적으로 유리한 고지를 차지할 수도 있었다. 셰익스피어만이 아니라 동시대 작가들 대부분이 기존의 작가들로부터 물려받은 소재와 줄거리, 문장을 자유롭게 가져다 사용하였다는 점에서, 이것을 시대착오적으로 표절의 문제로 이해해서는 안 된다. 셰익스피어는 낭만주의적 창의성을 매순간 보여주는 그런 "천재"였다기보다는, 켜켜이 쌓여 있는 전통의 곳간을 아무런 제약 없이 변용하고 비틀고 새롭게 구성하는 데 능통했던 그런 류의 "천재"였다는 사실을 인정해야 한다는 의미다.

셰익스피어가 독창적으로 이야기를 만들어 낸 적이 거의 없다는 사실을 기억해야 한다. 셰익스피어의 작품 대부분은 누군가가 이미 써놓은 이야기, 역사서, 전기, 전설과 같은 여러 내러티브를 가져와 새롭게 각색하고 재배치한 것들이라는 점을 전제하고 논의를 시작해야 한다. 이것을 증명하는 예는 넘쳐난다. 오비디우스의 『변신』, 버질의 『아이네이드』, 플루타크의 『영웅전』과 같은 고대의 작품들은 말할 것도 없고, 지랄디 씬티오Giraldi Cinthio의 『백편의 이야기』*Hecatommithi*나 아리오스토의 『광란의 오를란도』 *Orlando Furioso*같은 르네상스 이태리 문학작품, 그리고 초서의

『캔터베리이야기』와 홀린셰드의 『연대기』 같은 영국의 책에 이르기까지 셰익스피어가 의존하고 활용했던 원전들은 헤아릴 수 없이 많다. 한 걸음 더 나아가, 자신의 주변에서 만날 수 있는 기존의 극작품들도 늘 새롭게 다시 쓰기를 하였다. 예를 들어, 셰익스피어의 작품들 중에서 『헨리 5세』, 『존 왕』, 『리차드 3세』의 경우, 1590년대 초반 퀸즈맨 극단이 이미 판권을 확보하고 있던 작품들, 예를 들어 『헨리 5세의 유명한 승리』*The Famous Victory of Henry the Fifth*, 『존 왕의 혼란스러운 통치』*The Troublesome Reign of King John*, 『리차드 3세의 진정한 비극』*The True Tragedy of Richard the Third*을 새롭게 각색한 것들이다.

그의 최고 걸작 중의 하나인 『리어 왕』 역시, 1599년 필립 헨슬로가 이끌었던 로즈 극장Rose Theatre에서 이미 상연된 바 있는 『레어 왕』*King Leir*의 각색이었음이 분명하다. 『말괄량이 길들이기』 역시 기존에 있었던 작품 『한 말괄량이 길들이기』*The Taming of a Shrew*의 개작일 것으로 추정되곤 한다. 물론 이 둘 중에 어느 것이 먼저 쓰였는지를 확정하기 어려운 탓에 누가 누구의 작품을 각색했는지 판명하기는 쉽지 않다. 셰익스피어 작품을 누군가 각색했을 수도 있다. 그러나 우리의 논의에서 중요한 사실은, 셰익스피어의 극작 활동이 이처럼 동시대 다른 작가와의 다양한 상호작용과 경쟁이라는 조건 속에서 이루어졌다는 점이다.

공동 창작의 범위를 조금 넓혀 보면 르네상스 영국 연극의 또 다른 특징이 드러난다. 예를 들어 셰익스피어가 소속되었던 로드 체임벌린 극단은 로드 애드미랄 극단과Lord Admiral's Men과 경쟁관계에 있었으며 서로 비슷한 작품을 비슷한 시기에 무대에 올리며 라이벌 극단이었다. 경쟁극단의 소재 선택, 소속 배우, 상업적 성공 등은 상대 극단으로 하여금 유사한 방식을 채택하거나 변신을 시도하거나 새로운 방안을 모색하게 만들었다. 그런 차원에서 경쟁 극단의 존재 및 활동은 셰익스피어와 그의 극단의 형성 및 발전에 지대한 영향을 미쳤다고 말할 수도 있다. 셰익스피어 작품 중에서 경쟁 극단, 또는 경쟁공연들과의 역학 관계 속에서 창작되었음을 보여주는 눈에 띄는 작품들로는 다음의 경우들이 있다.

(1) 『헨리 4세』는 무명작가의 『존 올드캐슬 경』*Sir John Oldcastle*과 경쟁관계에 있었다.

(2) 『베니스의 상인』은 말로우의 『말타의 유태인』의 영향을 받았다.

(3) 『햄릿』은 여러 복수비극들, 특히 존 마스튼John Marston의 냉소적인 복수극에 대한 셰익스피어의 응답이라 할 수 있다.

(4) 『헨리 8세』는 로울리Rowley의 프로테스탄트적이고 민담전설에 기댄 역사극, 『나를 보면 즉시 알아보거야』*When You See Me, You Know Me* 같은 작품을 겨냥한 역사극이다.

(5) 『십이야』는 벤 존슨의 풍자적인 기질희극, 특히 『기질을 초월한 사람들』*Every Man out of His Humour*에 대한 일종의 반박이다.

(6) 『리차드 2세』는 말로우의 『에드워드 2세』*Edward II*와 확실히 대비를 이루는 역사극이다.

조금 범박하게 표현하자면, 셰익스피어의 경쟁작가 혹은 경쟁극단의 공연은 그에게 새로운 방식을 실험하고 흥미로운 주제를 찾아 나서도록 요구했던 것이다. 그것은 그 반대의 경우에도 적용되는 말이다. 관객의 취향, 극장의 요구, 경쟁자의 활동 등과 같은 다양한 동력이 셰익스피어의 창조적 활동에 에너지를 제공하였던 셈이다.

연극 공연이 다른 어떤 장르보다 여러 사람의 공동의 노력과 헌신에 기반한 종합예술이라는 점을 상기해 보라. 예를 들어, 좋은 영화가 탄생했을 때, 그 영화를 온전히 감독, 배우, 시나리오 작가 어느 한 사람의 몫으로 돌리는 것은 어려운 일이다. 비록 그

것이 대표감독이나 대표배우의 이름으로 알려진다 하더라도 한 사람의 천재성에 온전히 빚지고 있다고 말하기 어려운 것도 같은 맥락이다. 연극이라는 장르의 특성상 공동 작업과 다양한 수준의 협력은 필수적이다. 우리가 비록 작가, 연출, 배우 각각의 이름으로 특정작품을 기억한다 할지라도, 그것이 해당 작품의 성취를 온전히 특정한 개인에게 돌려도 좋다고 말할 수 없는 것과 같은 이치이다.

물론 이런 공동 작업의 어려움 혹은 문제점에 대해 셰익스피어 역시 충분히 의식하고 있음을 확인할 수 있는 근거는 많다. 예를 들어, 엘시노어를 찾아온 유랑극단에게 햄릿은 다음과 같은 충고를 한다. "광대 역할을 맡아 연기하는 자들에게 주어진 대사 이외에는 말을 못하게 해야 한다"(3.2.38-39). 요즘 식으로 말하자면 대본과 상관없이 애드립을 쏟아내는 배우들에게 따끔한 훈계를 하는 작가의 관점을 엿볼 수 있다. 그렇다고 셰익스피어가 개별 배우의 역량과 자질이 연극 공연의 맥락을 좌우할 수 있다는 사실을 몰랐다고 볼 수는 없다. 셰익스피어의 여러 작품들에는 그가 특정한 배우를 염두에 두고 인물을 구상한 흔적이 많이 남아있다. 셰익스피어 학자들은 1599년 글로브극장의 설립과 윌 켐프의 독립은 셰익스피어 극작술의 중요한 변곡점이 된다고 설명한다. 셰익스피어는 같은 극단 배우, 예를 들어 켐프를 염두에 두고 『공연한 헛소동』에서 독베리Dogberry같은 익살스럽고 요란스러운 인물을 만들어 내지만, 그가 극단을 떠난 후에 창작했던 『당신 좋으실 대로』나 『햄릿』에서는 상당히 다른 종류의 코믹한 인물을 창조해 낸 바 있다. 이는 켐프를 대신하였던 로버트 아민Robert Armin의 코믹연기법이 상당히 달랐기 때문이었다. 켐프는 『헨리 4세』에서 폴스타프라는 인물의 매력적인 코믹연기로 주가를 올렸는데, 후속작이라 할 수 있는 『헨리 5세』에서는 정작 폴스타프의 이름만 언급되고 등장인물로 나타나지 않는다. 이에 대한 여러 학자들의 설명은 극단을 떠난 켐프의 부재로 인해 발생한 일이라는 것이다. 인기 배우 켐프를 떠나 보낸 후에 만들어진 『줄리어스 시저』 같은 작품은 인기 배우가 사라지고 난 후에 발생한 공백을 셰익스피어가 어떻게 창조적으로 타개하는지 보여주는 좋은 예다. 달리 보자면, 이는 셰익스피어 작품의 탄생에 같은 극단 소속 배우들이 알게 모르게 끼친 영향을 과소평가할 수 없음을 깨닫게 해준다.

공동 작업의 특수한 경우들이라 할 수 있는 경우들도 기억할 필요가 있다. 예를 들어 애너벨 패터슨Annabel Patterson과 이종숙이 주장한 것처럼, 관객들/후원자들이 극작가의 극작과 각색을 추동하였다는 점에서 그들 역시 넓은 의미의 공동 창작자로 볼 수 있다는 주장도 고려해야 한다. 연극이 협력에 기반한 종합예술이라고 말하는 것으로는 셰익스피어의 공동 창작의 중요성을 모두 설명할 수 없다. 예컨대, 셰익스피어라는 이름으로 호명되는 작품들을 이미 완성된 것, 완전한 것으로 여긴다거나 고독한 천재의 독창적인 산물로 이해하는 것에서 벗어나, 오늘날에도 여전히 진행 중인 다양한 연구와 논쟁에 의해 갱신되고 새롭게 이해되는 어떤 유동하는 미완성의 실체라고 이해할 때 비로소 우리는 원저자 논쟁의 덫에서 빠져 나올 수 있다.

셰익스피어는 타고난 천재인가? 아마도 그럴 것이다. 그런데 이렇게 말하기 위해서는, 셰익스피어 작품들은 기존에 존재했던 수많은 작품으로부터 줄거리며 사건들을 아낌없이 가져다 재구성한 것들이라는 점, 오늘날에도 기억되는 그의 멋진 표현들의 대부분은 이미 존재하던 기성의 어구들이라는 점, 그의 예술적 깊이란 16세기 중반 이후 폭발적인 속도로 도입되었던 대륙의 문화들을–즉, 라틴어 문학은 물론이고 프랑스 스페인 이태리 문학의 번역들–을 맹렬히 수용한 결과였다는 점, 그리고 아주 빈번하게 동료 극작가 및 동료 배우들과의 공동 작업을 함으로써 얻은 결과였다는 점 등을 무시했을 때만 가능한 주장이다. 그렇다고 셰익스피어가 독창적인 작가가 아니라고 말하려는 것은 아니다. 다만, 우리가 읽고 즐기는 셰익스피어의 작품을 순전히 한 천재 작가의 독창성의 결과로만 보려는 태도를 문제 삼는 것이다. 셰익스피어를 골방에서 홀로 고독하게 창작에 몰두하는 시인이 아니라, 극장 무대에서 동료들과 함께 공연하고 연출하던 극작가이자 관객들과 대화하고 경쟁작가들과 소통했던 예술가로 바라보는 것이 필요하다는 의미다. 결국, 우리 앞에 놓인 셰익스피어는 16–17세기를 살다간 한 천재가 남긴 유산으로만 구성되는 것이 아니고, 한편으로 당대의 문화적 에너지와 인류의 유산이 창조적으로 결합된 결과이며, 다른 한편으로 지난 400년 동안 축적되어 온 사회적 문화적 담론들이 셰익스피어라는 이름으로 호명된 결정체이다.

셰익스피어 텍스트는 불안정한 것으로 유명하다. 그 자신이 수고(手稿)를 남겨 놓지 않은 반면에 같은 작품에 여러 편의 상이한 인쇄본이 공존하고 있기 때문이다. 셰익스피어의 자필원고가 남아 있지 않은 상황에서, 동일한 제목의 작품이 여러 개의 이질적인 판본의 형태로 존재할 때 그 간극을 좁히고, 오류를 바로잡고, 소위 정전을 확립하는 편집자의 작업은 어쩌면 불가능에 가까운 목표이지만 동시에 필수불가결한 작업이다. 그럼에도 한 가지 확실하게 말할 수 있는 사실은 우리가 만나는 셰익스피어 작품은 연구자들과 편집자들이 쏟아넣은 오랜 노력의 결과라는 사실이다. 루카스 언Lukas Erne이 매우 설득력 있게 주장하였듯이, 편집자들과 문헌학자들의 연구를 셰익스피어 "원작"에 주석을 다는 일과는 다른 차원, 즉 일종의 공동 작업이라고 불러야 하는 이유가 여기에 있다. 단순한 예를 하나 들자면, 현대의 편집자들이 셰익스피어 텍스트의 철자를 현대화하는 것은 아주 단순한 편집방침의 하나로 보이지만, 그 함의는 단순하지도 사소하지도 않다. 철자의 현대화가 독자/관객의 셰익스피어 경험을 완전히 새로운 것으로 바꿔 놓을 수도 있는 것이다. 사절판들과 이절판, 그리고 각기 다른 이절판 전집들 간의 차이를 검토하여 일종의 "짜집기 텍스트" composite texts로 만들어 낸 편집자이든지, 혹은 각각의 판본에 독립적인 지위를 부여해야 한다고 믿는 편집자이든지, 현재 우리가 읽고 경험하는 셰익스피어를 "만든" 사람들의 명단에 그들이 포함되어야 하는 이유다. 한국의 독자들이라면, 셰익스피어의 한국어 번역자들 역시 이러한 공헌자 중의 일부로 간주해야 마땅하다.

따라서 18세기 이후 다양한 편집자와 학자들의 참여에 의해 구성되고 재구성되는 여러 단계의 복잡한 편집 과정을 거쳐 우리 앞에 제시되는 셰익스피어의 작품들, 혹은 그 작품들을 통해 만들어진 작가 셰익스피어의 이미지는, 예컨대 1564년에 태어나 1616년에 사망한 생물학적 셰익스피어만의 것이 결코 아니다. 셰익스피어 사망 이후에 이루어진 헤아릴 수 없는 숫자의 연구, 공연, 편집 과정을 제거한다고 오염되지 않은 "진짜" 셰익스피어를 만날 수 있는 것이 아니다. 즉, 셰익스피어는 지난 400년의 역사와 더불어 "만들어졌다"는 뜻이다. 그런 차원에서 우리는 지난 수세기 동안 셰익스피어 작품을 다듬고 편집하였던 학자, 무대 위에서 재현하였던 공연자와 연기자들, 그리고 더 나아가 그것을 소비하고 향유했던 독자와 관객들의 역사 역시 지금 우리가 알고 있는 셰익스피어의 일부라는 사실을 기억해야 한다.

셰익스피어가 누구였는지를 둘러싼 원저자 논쟁과 긴밀히 연결되어 있으며 좀 더 학술적인 논쟁의 영역에 속하는 소위 "위작"(apocrypha)논쟁과 "귀속"(attribution) 논쟁을 잠시 언급해야겠다. 이 두 가지 논쟁은 서로 긴밀하게 얽혀 있으며, 때때로 떼어 놓기 어려울 경우가 많다. 일찌감치 『셰익스피어 위작들』*The Shakespeare Apocrypha*, 1908을 출간했던 터커 브룩C. F. Tucker Brooke에 따르면 셰익스피어 위작으로 분류될만한 희곡은 무려 42편에 달한다. "위작"으로 여겨지는 이유는 여러 가지가 있을 텐데, 셰익스피어 공동 창작품(이 경우 대개 "귀속" 논쟁으로 귀결된다)에서부터 터무니없는 위조품(hoax)에 이르기까지 논쟁의 스펙트럼은 아주 넓다. 터커 브룩이 편집한 『셰익스피어 위작들』에 포함된 작품들로는 다음의 것들이 있다.

(1) 『파버샴의 아든』 *The Arden of Faversham*

(2) 『로크린』 *Locrine*

(3) 『에드워드 3세』 *Edward III*

(4) 『뮤세도러스』 *Mucedorus*

(5) 『존 올드캐슬 경』 *Sir John Oldcastle*

(6) 『토마스 크롬웰 각하』 *Thomas Lord Cromwell*

(7) 『런던의 탕아』 *The London Prodigal*

(8) 『청교도주의자』 *The Puritan*

(9) 『요크셔의 비극』 *A Yorkshire Tragedy*

(10) 『에드먼튼의 쾌활한 악마』 *The Merry Devil of Edmonton*

(11) 『아름다운 엠』 *Fair Em*

(12) 『두 귀족 친척』 *The Two Noble Kinsmen*

(13) 『멀린의 탄생』 *The Birth of Merlin*

(14) 『토마스 모어 경』 *Sir Thomas More*

그리고 비록 브룩의 앤솔러지에는 포함되지 않았지만, 예를 들어 『에드먼드 아이언사이드』*Edmund Ironside*, 『우드스톡의 토마스』*Thomas of Woodstock*, 『악당을 한 눈에 알아보는 법』*A Knack to Know a Knave*과 같은 작품들 또한 셰익스피어의 작품이라고 주장된 바 있다. 그리고 1796년에 셰익스피어의 작품이라며 공연되었던 『보르티전과 로웬나』*Vortigern and Rowena*는 후일 윌리엄 아일랜드의 위조품으로 판명되기도 했다. 셰익스피어의 위작들은 마치 "경외성경"들이 그러하듯, 셰익스피어의 정전으로 간주되는 작품들의 언저리/주변부에 존재한다. 그것들은 정전을 "정전"으로 만들어 주는 외적 조건이 되면서 동시에 정전에 포함된 작품들을 끊임없이 위협하는 일종의 경계선 위의 실체들이다.

위에 언급된 위작들 중에서 『토마스 모어 경』은 존 조웻John Jowett의 편집으로 2011년 아든 셰익스피어Arden Shakespeare의 일환으로 출간되면서, 어느 정도 정전의 지위를 부여받은 셈이 되었다. 마찬가지로, 『에드워드 3세』의 경우에는 조르지오 멜키오리

Giorgio Melchiori의 편집에 의해 1990년 캠브리지 셰익스피어 전집의 일부로 출간되었고 일찌감치 셰익스피어 정전으로의 편입이 가시화 되었다. 각각 캠브리지 셰익스피어 전집과 아든 셰익스피어 전집에 포함됨으로써 정전의 반열에 반 발쯤 들여 놓은 셈이지만, 두 작품을 둘러싼 쟁점들 역시 완전히 해소된 것 같지는 않다. 새로운(?) 셰익스피어 작품의 발굴은 오랜 역사가 담긴 연구 분야지만, 특히 지난 20–30년간 다양한 방식의 연구와 접근법으로 부활하고 있다. 예를 들어 돈 포스터Don Foster 교수가 "문체분석학" stylometrics에 근거해 셰익스피어 작품이라 주장했던 「장례식 만가」(A Funeral Elegy)는 이미 노튼 출판사의 『셰익스피어 전집』*Norton Shakespeare*에 수록되었다. 컴퓨터 기술의 발전과 코퍼스 및 통계학적 방법론은 셰익스피어 위작 및 귀속 논쟁의 지형도를 바꿔 놓고 있다.

피터 커완Peter Kirwan에 따르면 셰익스피어 위작 논쟁의 기원은 1664년에 출간된 셰익스피어 이절판 전집 제 3판 2쇄부터다. 그 이후 다양한 논의를 거쳐 브룩의 책에서 상당 부분 정리가 되었다. 2013년 10월 조나단 베이트와 에릭 라스무센Eric Rasmussen이 『윌리엄 셰익스피어와 기타 작가들: 공동 창작의 희곡들』 *William Shakespeare and Others: Collaborative Plays*이라는 앤솔로지를 출간함으로써, 셰익스피어 위작 논쟁과 귀속 논쟁에 새로운 전기가 마련된 것으로 보인다. 참고로 베이트–라스무센의 앤

쏠로지에는 터커의 위작선집에 포함되지 않은 『스페인의 비극』*The Spanish Tragedy*과 『두 겹의 위선』*Double Falsehood*이 추가되어 있다.

"위작 논쟁"과 긴밀히 연결되어 있으면서도 조금 다른 맥락에서 부각되는 논쟁이 "귀속 논쟁"이며, 심지어는 전자보다 더 뜨겁게 달아오른 분야이다. 특히 최근에는, "문체분석학"의 발전과 컴퓨터를 활용한 다양한 연구가 진행 중이다. 흔히 "내적 증거"internal evidence라 불리는 다양한 언어적 양상을 조사하는 작업에서부터 파라텍스트적인 분석, 나아가 출판시장이나 극장기록 등과 같은 "외적 증거"external evidence를 추적하는 작업에 이르기까지 "귀속 논쟁"의 방향은 다변화하고 있다. "귀속 논쟁"이나 "위작 논쟁"은 많은 경우 "정전 논쟁"으로 귀결되며, 동시에 "공동 창작"의 문제를 소환해내는 경향이 있다. 셰익스피어의 "정전"에 포함되었지만 공동 창작과 협력의 결과물로 평가되던 작품들로 다음과 같은 작품들이 있다. 괄호 안에는 작업을 함께 한 것으로 추정되는 작가의 이름을 적었다.

(1) 『헨리 6세 1부』 (토마스 내쉬Thomas Nashe)

(2) 『타이터스 앤드러니커스』 (조지 필George Peele)

(3) 『페리클리스』 (조지 윌킨스George Wilkins)

(4)『맥베스』(토마스 미들튼Thomas Middleton)

(5)『자에는 자로』(토마스 미들튼Thomas Middleton)

(6)『아테네의 타이먼』(토마스 미들튼Thomas Middleton)

(7)『헨리 8세』(존 플레쳐John Fletcher)

(8)『두 귀족 친척』(존 플레쳐John Fletcher?)

위의 목록에 덧붙여, 2011년에는 옥스퍼드대학 영문과의 로리 매과이어Laurie McGuire교수와 엠마 스미스Emma Smith 박사가『끝이 좋으면 다 좋다』역시 토마스 미들튼과의 공동 작업으로 보아야 한다는 논쟁적 주장을 내놓았다. 물론 이후 브라이언 비커즈Brian Vickers가 그들의 주장을 강력하게 비판하였지만, 이 작품을 둘러싼 귀속 논쟁은 현재 진행형이다.

2007년도에 출간된 토마스 미들튼의 전집에는『맥베스』,『자에는 자로』,『아테네의 타이먼』, 그리고『트로일러스와 크레시다』가 모두 미들튼과 셰익스피어의 공동 창작품으로 소개되어 있다. 셰익스피어 작품의 정전을 논할 때 기준이 되는 것은 1623년에 발간된 제 1 이절판에 상재된 36개의 작품이다. 이절판 수록 작품은 기본적으로 그의 작품으로 간주되며, 그렇지 못한 작품들이 대부분 논란의 대상이 되어 왔다. 이절판에 들어 있지 않지만 현대의 셰익스피어 학자들 대부분에게 셰익스피어 작품으로 간주되는 작품으로는『페리클리스』,『두 친척 귀족』,『에드워드 3세』,『토마스 모어 경』이 있다. 이들은 모두 공동 창작된 작품들이다. 이들을 포함시킬 경우 셰익스피어 작품은 총 40편이라 할 수 있을 것이다. 제 1 이절판에 포함된 36개의 작품 중에서도 4편의 작품이 공동 작업의 결과라는 것은 일반적으로 받아들여지는 견해다. 『타이터스 앤드러니커스』, 『헨리 4세 1부』, 『헨리 8세』, 『아테네의 타이먼』이 다른 작가와 함께 쓴 것으로 확인된다. 휴 크랙Hugh Craig과 존 버로우즈John Burrows의 최근 연구에 따르면, 『헨리 6세 2부』와 『헨리 6세 3부』 역시 공동 창작되었을 것임이 확실하다고 한다. 마지막으로 루이스 씨어발드가 각색한 『두겹의 위선』(2010년 아든 셰익스피어 편집부가 셰익스피어의 전집의 하나로 출간)이 모본으로 삼았을 것으로 추정되는 『카르데뇨』가 있다.

공동 작업이라거나 여러 가지 상이한 판본의 문제는 안티 스트랫포드 주의자들이 대개 회피하는 주제이다. 셰익스피어 전공자가 아니라면 예컨대 두 개의 판이한 『리어 왕』이 있다거나 세 개의 다른 『햄릿』이 존재할 수 있다는 사실을 수긍하기 어려울 것이다. 같은 작품의 상이한 판본의 존재는 오자나 탈자와 같은 단순한 (그것들도 따지고 보면 결코 작은 문제가 아니지만) 문제가 결코 아니다. 그러나 논의의 편의를 위해 그들이 애써 외면하는 이런 이슈야말로 셰익스피어와 그의 작품세계를 이해하는 데 매우 중요한 자료일 수밖에 없다.

다시 셰익스피어로 돌아가자면, 연극이 만들어지는 세부적인 방식에 매우 민감하고 그것들의 가능성과 한계를 적극 활용하는 창의적인 극장 관계자로서의 셰익스피어를 상상하는 것이 필요하다. 세례, 결혼, 죽음 등과 관련된 공문서를 제외한 사적인 자료에서 셰익스피어가 처음 언급된 것은 이미 살펴보았던 1592년의 로버트 그린의『그린의 열 푼짜리 지혜』였다. 캠브리지 대학에서 수학한 재기 넘치던 시인이자 극작가 그린은 죽어가던 순간에 문집을 남겼다. 물론 최근에 해당 대목이 동료작가 헨리 체틀Henry Chettle에 의해 가필된 것 혹은 수정된 것이라는 주장이 나오기도 했다. 그런데 그린의 글은 무엇보다도 셰익스피어를 연극에 종사하는 사람으로, 그것도 매우 경멸적인 의미로 규정한다.

> 내 비참한 꼴을 보고 경각심을 갖지 않는다면 너희 세 놈들은 천박한 놈인 게야. (나를 포함한) 너희들 중 누구도 우리의 언어를 인형처럼 모방하는 자들, 우리의 색깔로 이상한 치장을 하는 자들을 쪼개버릴 숫돌을 갖지 않으니 말이야. 그런데도 그자들이 모두 나만 쳐다보고 있는 것(내 덕을 보는 것)이 이상하지 않은가? (너희들이 나와 같은 입장이라면) 그들이 지금은 의존하고 있는 것처럼 보이는 너희들도 즉시 버려지게 될 테니까. 그러니 그자들(배우들)을 믿어서는 안 돼. 우리의 깃털로 아름답게 치장한 벼락 출세한 까마귀upstart crow가 하나있지. "호랑이의 심장을 배우의 가죽으로 감싸고"tiger's heart wrapped

in a player's hide 있는 자일세. 그 자는 우리만큼 무운시blank verse를 번지르하게 쓸 수 있다고 착각하지. 그리고 뭐든 다 잘할 수 있다고 여기는 인간an absolute Johannes Factotum인지라 자신이 유일하게 온 나라의 무대를 흔들만큼the only Shake–Scene in a country 재간꾼이라 여긴다네.

그가 자신의 대학친구 세 사람–아마도, 크리스토퍼 말로우, 토마스 내쉬, 조지 필–을 향해 배우들을 믿지 말라고 경고하는 내용이다. 여기에서 Shake–Scene은 셰익스피어의 이름을 비꼬기 위해 사용한 것이며, "호랑이의 심장을 배우의 가죽으로 감싸고"tiger's heart wrapped in a player's hide 있다는 표현은, 셰익스피어의 역사극『헨리 6세 3부』에 등장하는 대사를 패러디한 것이다. 아무튼 그린의 요지는, 셰익스피어는 형편없는 모방자이며, 남의 글(자신과 같은 대학 출신 재사들의 문장)을 훔쳐 자신의 글을 화려하게 장식하는 인물이라는 것이다. Johannes Factotum은 흔히 온갖 일에 간섭하지만 제대로 하는 것이 없는 인물을 지칭한다. 즉, 셰익스피어는 자신의 능력을 넘어 이런 저런 남의 일을 기웃거리는 자이며, 배우 주제에 극작까지 하면서 무운시를 시도하는 것이 고깝다는 뜻이겠다. 무운시 작시법 능력은 흔히 셰익스피어 작품의 문학성literariness을 강조하는 근거가 되곤 하지만, 희곡작품에 무운시를 적극적으로 사용하여 주목을 받았던 작가는 누구보다 크리스토퍼 말로우가 먼저였으며 그의 친구였던 대학 출신 재사들이었다. 말로우의 특징으로 여겨지는 무운시의 강력한 문장들mighty lines은 시적이고 수사적인 웅변조의 문장들로서 당대의 관객들과 동료 작가들을 경탄하게 만들었다. 그린의 비난에는, 배우 출신인 주제에 자신들의 장기인 무운시를 베끼고 그걸 자신들보다 더 잘하고 있는 셰익스피어를 향한 질투와 시샘의 감정이 노골적으로 드러나 있다.

벤틀리G.E. Bentley의 연구에 따르면, 셰익스피어의 시대 연극작가의 위상은 배우나 극단 운영자에 종속되었던 일종의 비정규직인 경우가 많았다. 인기 극작가라면 조금 달랐겠지만, 일반적으로 배우들보다 더 불안정한 직업이었다. 배우들의 사회적 신분도 매우 낮아 종종 부랑자와 동급의 취급을 받기도 하였다. 배우들이 극단을 조직하여 귀족들의 후원을 받아야 했던 것도 이런 위태로운 위상과 관련이 있다. 극작가들의 사정이 크게 나은 것은 아니었다. 극단운영자는 인정적인 극장운영을 위해 여러 극작가로부터 작품을 구매했지만, 작품의 원고를 건네받고 나면 그것으로 끝인 경우가 태반이었다. 작가는 자신의 작품의 해석에서 대해서도, 수정에 대해서도, 이후 판매에 대해서도 어떠한 권리도 가지지 못했다. 필립 헨슬로의 일기에 보면 수많은 극작가들의 이름이 등장하고 그들에게 지불한 비용에 대한 세부 내용을 발견할 수 있다. 헨슬로가 극작가를 바라보는 기본 관점은 극단과 배우를 위한 "고용인"(hirelings)이었다. 그들의 수고(작품 원고)에 대한 대가를 지불하고 나면 작품은 전적으로 극단주의 소유물이 되었다. 그런 점에서 셰익스피어가 극단 소속의 배우이자 극작가이며 대주주였다는 사실은 안정적이고 꾸준한 그의 문학적 성취를 보장해 주는 조건이 될 수 있었다.

안티 스트랫포드 주의자들은 셰익스피어의 공동 창작이라거나 극단 활동의 중요성을 애써 무시한다. 그 대신 그의 교육의 정도와 출신 성분(지역과 계급)에 집중한다. 그것을 근거로, 궁정에서 벌어진 정치음모, 궁정의 문화, 외국, 귀족들의 취미 활동 등에 관한 자세한 묘사가 그의 작품에 빈번하게 등장한다는 사실을 고려하건데, 무식한 촌뜨기 배우가 창작한 작품들일 리가 없다고 주장한다. "라틴어는 조금하고, 그리스어는 그보다 더 못하다."라는 벤 존슨의 표현은 셰익스피어가 대학교육을 받지 못한 것과 관련된 여러 구설수들과 함께, 그의 지적 수준이 낮았다는 증거로 자주 거론된다. 셰익스피어의 교육이나 출신으로 미루어, 그의 작품에 등장하는 다양한 어휘를 어디에서 습득할 수 있었겠느냐는 의문도 제기된다. 그러나 이들은 앞서 존슨의 표현은 인용해도, 존슨의 사후에 출간된 그의 시집 『목재 또는 발견들』*Timber, or Discoveries*의 서문에서 셰익스피어를 두고 "젊은 시절 시골 마을에서 선생 노릇을 했으며, 라틴어를 제법 잘 이해했다"라는 다른 평가를 내렸다는 사실은 애써 무시한다. 셰익스피어는 영문학 작가 중에서 가장 많은 어휘를 사용한 작가로 정평이 나있다. 그런데, 최근의 학자들이 컴퓨터 및 통계를 사용해 조사한 바에 따르면, 그의 어휘가 다른 작가보다 많은 것은 사실이지만, 그것이 아주 특이한 일은 아니라고 한다. 우선 셰익스피어의 경우, 남겨진 작품이 다른 작가들보다 훨씬 많기 때문이다. 실제로 그의 동시대 작가들 다수는 작품의 상당수가 없어져 버린 경우가 부지기수다. 그러니 셰익스피어와 단순비교하기가 곤란한 것이다. 둘째로, 그의 작품들이 매우 상이한 배경, 장르, 인물을 다루고 있어서 다양한 부류의 언어를 포함하고 있기 때문에 자연스럽게 어휘 수가 많다는 것이다. 아무튼 가짜 셰익스피어설을 주장하는 이들은, 셰익스피어의 작품 속에서 스트랫포드 촌뜨기의 모습은 발견하기 어려운 반면, 작품에 등장하는 인물, 상황, 플롯 등이 자신들이 지지하는 특정 후보의 경험 및 기록과 일치한다는 점을 적극 피력하곤 한다. 그러나 이런 태도는 그의 작품 한두 편에 대해서만 과도하게 의존하는 주장일 뿐더러, 르네상스 시대 극작활동에 대한 심각한 오해에 근거한다. 게다가 낭만주의 이후 근대적 작가관에 근거한 작품 이해라는 점, 즉 작가만의 내면적 경험의 외면화로 작품을 바라본다는 점에서 시대착오적인 면이 다분하다.

06

셰익스피어는 가짜인가?: 음모론 시대의 원저자 논쟁

06

저자의 죽음과 부활, 그리고 21세기 셰익스피어

피터 매든 감독의 1998년 영화 〈사랑에 빠진 셰익스피어〉에는 원저자 논쟁과 관련하여 주목할 만한 장면이 등장한다. 셰익스피어 역할의 조셉 파인스를 만난 귀네스 펠트로는 이렇게 질문한다. "당신이 바로 셰익스피어 희곡들의 저자인가요?"(Are you the writer of the plays of Shakespeare?) 작품의 배경이 되는 1594년 혹은 1595은 셰익스피어가 아직 "작가"로서 확고한 자리를 잡기 전일 뿐더러 그의 이름은 주로 시집『비너스와 아도니스』와『루크레스의 겁탈』의 시인으로 알려져 있었을 것이라는 점을 상기하면, 차라리 "셰익스피어 시집의 저자인가"라고 물었다면 더 그럴듯했을지도 모른다. 1594–95년에 희곡작가로서 셰익스피어는 거의 무명에 가까웠다. 일반인들에게는 상대적으로 낯설지 모를『타이터스 앤드러니커스』가 1594년에 제법 인기를 끌었고 여세를 몰아 같은 해 출판이 되었다. 그렇지만『타이터스 앤드러니커스』사절판에는 셰익스피어의 이름이 언급조차 되어있지 않다. 현대의 독자에게는『로미오와 줄리엣』의 작가라면(영화는 이 작품이 어떻게 만들어 졌는가라는 의문을 해명하는 형태를 띤다) 응당 누구라도 그 이름 정도는 알고 있었을 것으로 전제한다. 앞에서도 잠깐 설명한 바 있는 것처럼 1598년 이후라면 가능한 질문이었을지도 모른다. 그러나 그보다 더 주목해야 할 점은 그녀의 질문 방식에 있다. 그녀는 "당신이 바로 셰익스피어인가요?"라고 묻지 않고 "당신이 바로 셰익스피어 희곡들의 저자인가요?"라고 묻는다. 생물학적으로 존재한 인간 셰익스피어가 아니라 작가로서의 셰익스피어의 정체성을 묻고 있는 것이다. 셰익스피어 작품의 원저자가 쟁점이 되는 시대에 만들어진 영화답게, 셰익스피어의 희곡을 셰익스피어의 정체성 구성의 핵심으로 만든다. 이 영화가 상상하는 셰익스피어는, 더불어 영화 속에서 그를 둘러싼 많은 사람들이 기대하는 셰익스피어는 셰익스피어라는 이름과 작가로서의 정체성에 무한한 관심을 기울인다. 이 영화가 재현하는 셰익스피어는 매우 시대착오적인 방식으로 20세기 후반의 셰익스피어에 대한 관념을 투영한다. 따라서 영화가 그의 생애와 그의 희곡작품 간의 상동성을 중심으로 구성되고 전개되는 것은 놀라운 일이 아니다. 셰익스피어가 『로미오와 줄리엣』을 쓴 것은 작가 자신의 실패한 사랑의 자연스러운 결과가 된다. 귀네스 펠트로가 분한 바이올라 드 레셉스Viola de Lesseps와의 뜨거운 사랑의 경험은 미래의 새로운 여정을 예고하는 『십이야』의 시작 장면으로 부드럽게 이어진다. 작가의 삶과 그의 작품이 이형동질의 것으로 표상되는 것이다.

〈사랑에 빠진 셰익스피어〉는 르네상스 런던과 연극 문화를 비교적 상세히 재현함으로써 셰익스피어 학자들뿐만 아니라 대중들의 많은 지지를 받은 영화이다. 일곱 개의 아카데미상을 거머쥐고 흥행에도 성공한 점, 그리고 여전히 학교교실에서 부교재로 빈번하게 사용되고 있다는 사실이 이를 증명한다. 그러나 우리가 보기에 〈사랑에 빠진 셰익스피어〉 역시 현대의 원저자 논쟁 참여자들이 보여주는 문제를 고스란히 드러낸다. 작가의 생을 작품으로 재구성하는 방식을 취한다는 점에서 그렇다. 또한 셰익스피어 연극을 금지된 연애라는 사적이고 내밀한 체험의 결과물로 상상한다는 점에서 그렇다. 옥스퍼드 주의자들이 『햄릿』을 그의 가정사적 경험과 조건의 산물로 이해하는 것처럼 『로미오와 줄리엣』도 『십이야』도 그의 뜨거운, 그러나 안타까운 사랑에 근거하는 것으로 만들어 놓는다. 그렇다면 40편에 이르는 셰익스피어의 작품은 어찌할 것인가? 각각의 작품마다 개인적 경험의 비밀을 발견하는 계기로 삼아야 하는가? 특정한 작품 한두 편만이 특권적 지위를 부여받아야 하는 근거는 어디에 있는가? 개별 작품에 등장하는 사건이나 인물을 작가의 정체성으로 소환하는 작업이 얼마나 위험천만하며 나이브한 방식인지는 두말할 필요도 없을 것이다. 작품으로 작가의 감춰진 신원을 추론하려는 방식의 문제점은, 〈사랑에 빠진 셰익스피어〉와 원저자 논쟁에 관한한 매우 상반된 입장을 취하는 〈어나니머스〉에서도 동일하게 발견된다.

롤란드 에머릭Roland Emmerich이 감독한 영화 〈어나니머스〉(2011)의 출현은 셰익스피어 "원저자" 논쟁의 역사 안에서도 매우 암시적이고 징후적인 사건이다. 자연스레 소멸되리라는 셰익스피어 학자들의 기대와 달리 인터넷을 비롯한 대중 매체의 파급력과 더불어 원저자 논쟁이 심화되고 격화되고 있음을 확인해 주기 때문이다. 〈어나니머스〉의 출현은 음모론의 시대, 덕후의 시대, 그리고 그것들에 수반되는 반지성주의(anti- intellectualism)의 시대에 셰익스피어 원저자 논쟁은 사그라지기는커녕 갈수록 심각해지고 있으며, 앞으로도 그럴 것임을 예고한다. 〈어나니머스〉는 안티 스트랫포드 주의자들에게 말하자면 "꿈의 실현"(dream come true)이었다. 〈어나니머스〉를 제작 배급하였던 소니 영화사(Sony Pictures)는 북미의 중고등학생을 위한 교육자료를 발간하고 배포하는 영화 홍보 전략을 취함으로써, 옥스퍼드가 진짜 셰익스피어라는 주장을 학교교육 현장으로 끌어들이고 쟁점화하고 확산시키려는 의도를 노골적으로 드러내었다. 다행히(?) 영화 흥행 성적이 그리 좋지 못했고, 대중들이나 전공자들의 반응도 냉담에 가까웠다. 그러나 한 가지 분명해진 사실이 있다면 〈어나니머스〉가 결코 안티 스트랫포드 셰익스피어 원저자논쟁의 끝이 아니며 현재 진행형인 이 논쟁이 향후에 더 격렬하고 집요하게 진행될 가능성이 농후하다는 것이다. 일례로, 2012년 런던 올림픽 기간 중에 BBC에서는 셰익스피어 다큐멘터리를 방영한 바 있는데, 데렉 자코비

Derek Jacoby와 제레미 아이언즈Jeremy Irons같은 유명 배우들이 출현하여 노골적으로 옥스퍼드 셰익스피어 설을 피력한 바 있다. 그리고 원저자 논쟁과 관련해서 인터넷 검색을 해 보면, 안티 스트랫포드 셰익스피어 관련 글이 주를 이룬다는 사실을 발견하게 된다. 구글 학술검색에서 만나는 전문 학자들의 스트랫포드 셰익스피어 지지와는 매우 대조적이다. 안티 스트랫포드 주의자들은 대개 대학을 장악한 학자들은 자신들의 기득권을 지키기 위해 스트랫포드 출신 가짜 셰익스피어를 여전히 진짜라고 우기는 거대한 음모에 동참하고 있다고 믿는다. 2011년의 영화 〈어나니머스〉는 바로 그와 같은 음모론적 시각, 반지성적 관점의 결정판이었다.

셰익스피어의 생애를 소재로 삼았던 이 두 편의 영화가 확인해 주는 바는, 1990년도 이후 폭발적으로 쏟아져 나온 셰익스피어의 전기서들과 마찬가지로 셰익스피어를 일종의 유명인사celebrity로 취급한다는 점이다. 셰익스피어의 "전기 영화"(bio-pic) 출현은 그런 점에서 징후적이다. 셰익스피어와 관련된 모든 것들이 대중의 호기심과 논쟁의 대상이 되는 시대다. 시인의 사적이고 내밀한 삶에 대한 낭만주의적 호기심도, 셜록 홈즈처럼 진실의 미로를 노련하게 헤쳐가는 탐정의 문화도 이제는 차라리 부차적이다. 대중문화적 명성과 그에 따른 유명세의 소비 시대가 셰익스피어에게도 도래한 것이다.

셰익스피어 원저자 논쟁이 이토록 들불처럼 번져가는 데는 이와 같은 새로운 사회문화적 맥락이 존재한다. 19세기의 가짜-진짜 논쟁의 주 동력원은 셜록 홈즈와 같은 추리와 탐정에 의해 발견되는 진실에 대한 호기심이었다. 셰익스피어의 신격화에 반발하고 감춰진 비밀을 밝혀 내고 사람들을 계몽하는 것은 이들 아마추어 지식인들의 궁극적인 지향이었다. 그러나 20세기 후반에 들어서면 그것은 아마추어리즘에 근거한 반 엘리트주의 문화, 따라서 진실과 지식에 대한 엘리트의 독점적 지위에 대한 거부라는 시대적 현상의 일부가 되었다. 그것은 한 걸음 더 나아가 음모론 혹은 반음모론의 양상을 띠게 된다. 가짜 셰익스피어론자들은 진실을 감추고 스캔들을 덮으려는 기성 제도권 학자들에 대항하는 십자군과 같은 역할로 스스로를 위치지운다. 진실을 파헤치는 영민하고 집요한 아마추어 탐정 셜록 홈즈가 이제 덕후로 재탄생한다. 인터넷이 활짝 열어 놓은 지적 민주주의는 온갖 비술(祕術)로 무장한 덕후들이 마음껏 활약할 수 있는 중원(中原)이 되었다.

셰익스피어 옹호자든 셰익스피어 가짜설 지지자든 셰익스피어 전기작자들에게서 공통적으로 발견되는 방법론적 특징 중의 하나는, 셰익스피어 사적인 삶에 대한 정보 부족을 역사적 사실로 채우는 것이고, 또한 정보의 빈 공간을 작품으로부터 추출하고 추론한 가정들로 다시 채우는 방식이다. 즉 작품 속에 등장하는 인물, 사건, 특정한 구절 및 표현을 그의 전기와 관련된 의미있는 사실로 대체시키고 있다는 말이다. 영국의 셰익스피어 전문가 그래엄 홀더니스의 비판적인 지적처럼, 그동안 출간된 많은 전기서들은 이질적이고 양립 불가능한 정보들 속에서 일관성 있고 통일적인 인물을 구성하고자 함으로써 정보의 결핍이라는 심연 속에서 길을 잃고 방황을 거듭했다.

셰익스피어 작품의 원저자를 둘러싼 논쟁의 맞은 편에는 최근 물밀듯이 쏟아지는 전공 학자들의 셰익스피어 전기 출간 붐이 자리하고 있다. 지금까지의 셰익스피어 원저자 논쟁이 주로 아마추어 혹은 덕후의 영역이었다면, 최근 들어 제도권 셰익스피어 전문가들의 개입이 두드러진다. 그래엄 홀더니스의 2009년도 논문에 따르면 1996년부터 2008년까지 셰익스피어 전기가 출간되지 않고 그냥 지나갔던 적이 단 한 해도 없었다고 한다. 그런데 홀더니스의 논문이 발표된 2009년 이후에도 셰익스피어 전기 출간의 열기는 식을 줄을 모르는 듯하다. 2008년 이후부터 2015년 현재까지 매년 한두 권 이상의 셰익스피어의 생애와 관련된 서적이 쏟아졌으니, 지난 20년간 30권이 넘는 전기가 발간된 셈이다. 가히 셰익스피어 전기의 황금시대라 불러야 할 지경이다. 2009년 이후에 출간된 셰익스피어 전기들 중에서, 스트랫포드 셰익스피어를 옹호하는 중요한 전공 학자들의 전기서로는 다음과 같은 것들이 있다.

Jonathan Bate, *Soul of the Age* (2009)

James Shapiro, *Contested Will: Who Wrote Shakespeare?* (2010)

Katherine Duncan-Jones, *Shakespeare: Upstart Crow to Sweet Swan* (2011)

Lois Potter, *The Life of William Shakespeare* (2012)

Dympna Gallaghan, *Who Was William Shakespeare?* (2013)

Stanley Wells, *William Shakespeare: A Very Short Introduction.* (2015)

거의 매년 적어도 한 권 이상의 전기가 나온 셈인데, 여기에 제시된 목록에는 소위 안티 스트랫포드 셰익스피어주의자들이 펴낸 전기들이 제외되었다. 위의 목록 중에서 던칸-존스Duncan-Jones의 책은 셰익스피어의 극작가 시절부터 사절판 출간 시기까지(1592-1623)만을 대상으로 삼았다는 점에서, 전기와 작품 비평의 영역을 오가는 책이기는 하다.

이런 셰익스피어 전기 출간의 붐에 걸맞게, 이제는 메타-전기 서적의 출간도 줄을 잇고 있다. 예를 들어, 제임스 샤피로의 『도전받았던 윌리엄 셰익스피어』*Contested Will*는 책의 상당 부분을 안티 스트랫포드 주의자들의 주장을 반박하는 데 할애하고 있으니 전기라기보다는 메타-전기라고 불러야 할 것 같다. 데이빗 베빙턴David Bevington의 『셰익스피어와 전기쓰기』*Shakespeare* *and Biography*도 셰익스피어에 관한 전기적 내용에서 시작해서 전기형식의 글쓰기 전반을 검토하고 있다는 점에서, 메타-전기라 부를만하다. 그리고 가장 최근에 "셰익스피어 생가 재단"의 주도 하에 출간된 『의심의 여지없는 셰익스피어』는 원저자 논쟁과 관련되어 부각되었던 개별 후보자들(옥스퍼드, 말로우, 베이컨)의 타당성을 각각 검토하고, 원저자 논쟁이라는 현상을 분석하고 해명하려는 (물론 스트랫포드 출신의 셰익스피어가 진짜 셰익스피어라는 전제 하에) 본격적인 메타-전기 비평서라 할 수 있다. 반면에 윌리엄 리히William Leahy가 편집한 『셰익스피어와 그의 진짜 작가들』*Shakespeare and His Authors*은 안티 스트랫포드 셰익스피어의 근거를 마련하려는 제법 진지한 메타-전기서이다. 드디어 덕후들과 맞짱을 뜨려는 전문 셰익스피어 연구자들이 새로운 전선을 만들고 있는 것처럼 보인다. 그러나 안티 스트랫포드 주의자 덕후들이 주로 인터넷과 SNS, 대중매체를 무대로 삼는 반면, 전문가들은 출판과 학술대회를 기반으로 활동하고 있다는 점에서 극명한 대비를 이룬다.

셰익스피어의 신원을 둘러싼 논쟁이 다소 주춤했던 시기, 예컨대 제2차 세계 대전 전후에는 대중의 관심도 시들해지고 새로운 논의도 거의 없었지만, 인터넷의 보급과 활성화가 이루어진 1990년대 이후 논쟁은 새로운 국면에 들어서고 있는 것은 분명하다. 원저자 논쟁의 역사도 어느새 160여 년에 이르렀지만, 1990년대를 전후하여 완전히 새로운 국면에 들어선 것이다. 다양한 매체들을 통해 빠르고 폭력적인 방식으로 유포되고 확산되는 정보들은 전통적인 의미의 전문가들의 권위를 파괴한다. 전문가들은 종종 음모의 공모자로 폄하된다. 감춰진 진실을 파헤치던 셜록 홈즈는 이제 거대한 음모의 위협을 받는 지구를 지켜야 하는 수퍼 히어로로 정체를 바꾼다. 셰익스피어 진위 논쟁은 바로 그와 같은 문화전쟁이 벌어지고 있는 하나의 전쟁터인 것이다.

셰익스피어 진위 논쟁의 파고를 현명하게 넘어서기 위해서는 무엇보다 작가 셰익스피어에 대한 우리의 관점을 새롭게 갱신할 필요가 있다. 우선 시인으로서만이 아니라 극장에서 활동한 극작가로서 셰익스피어를 고려해야 한다. 두 번째로, 그를 고독하고 자율적인 외로운 천재작가가 아니라 협력과 소통의 작가로 바라봐야 한다. 세 번째, 그의 협력자에는 전통적인 의미의 극장 내 협력자들만이 아니라, 셰익스피어 편집자들과 각색가들까지도 포함해야 한다. 한 걸음 더 나아가 셰익스피어를 읽고 관람함으로써 더 풍요로운 문화를 만들고 작품의 깊이를 갱신하는 독자와 관객들 역시 셰익스피어의 협력자들로 간주해야 한다. 셰익스피어를 극작가이자 공동 창작에 능통한 것으로 상정하는 태도는 "저자"에 대한 새로운 생각을 요구하고, 저자로부터 작품의 담론과 해석의 절대적 권위를 끌어내려는 태도와 결별할 것을 강조한다.

잘 알려져 있다시피 18세기부터 서양에서 발전되었던 저자 개념은 언제나 저작권, 즉 법적 경제적 소유권과 관련된다. 문학 작품이 상품경제 속에서 어떤 방식과 과정을 거쳐 법률적 질서 속으로 제도화되는가는 물론 별도의 검토가 필요한 매우 심각한 주제이다. 문학사적으로 보자면 근대적 저자 개념은 "낭만주의"와 긴밀히 연결되어 있다. 낭만주의 이래 문학 연구를 지배하고 있던 저자 이론은 개인성individuality, 비상함uniqueness, 독창성 originality, 자율적인 주체autonomous subject 개념에 뿌리를 두고 있다. 이런 저자 개념을 다수의 대중들과 일부의 문학 전공자들에게는 21세기에도 여전히 위력을 떨치고 있다. "자율적이고 개인적인 저자"autonomous, individualistic author라는 개념은 저자의 개인적 비상함과 독창성이 문학과 예술의 근간이라는 생각과 연결되고, 따라서 저자는 자신의 자아에 대한 주인owner of his/her self이자 자신의 언어의 주인owner of his/her language이라는 근대적 사유와 결합된다. 낭만주의 시대 이래 문학관을 지배해 온 저자 개념이란 이와 같이 개인을 주체로 호명하는 근대적 주체성의 한 형태라 부를 만 하다.

근대적 저자 개념은 후기 구조주의 도래와 더불어 도전을 받게 되었다. 1967년 발표한 롤랑 바르트Roland Barthes의 「저자의 죽음」(Death of the Author)은 그런 측면에서 기념비적이다. 이 짧은 에세이에서 바르트는 저자의 정체성, 저자의 의도, 전기적 맥락 등에 기대는 독법에서 벗어났을 때 새롭고 의미 있는 "작가적 텍스트"writerly text가 탄생한다고 주장한다. 저자가 죽었을 때 비로소 독자의 창조적 읽기가 가능해진다는 것이다. 1969년 「저자란 무엇인가」(What is an author?)라는 강연에서 미셸 푸코는 저자 기능을 강조하며, 의미의 무한정한 확산을 통제하고 권위를 생산하는 일종의 이데올로기적 담론의 양식으로 저자 개념을 설명한다. "저자란 일종의 기능적 원칙이며, 우리 사회 안에서 우리가 제한하고 배제하고, 선택하는 원칙이다." 이런 관점에서 보면, 셰익스피어를 저자로 호명하는 것은 그의 이름으로 출간된 작품에 질서를 부여하는 작업이며, 그것은 저자 기능의 권능에 따르도록 강요하는 일일 것이다. 작품을 근거로 삼아 셰익스피어의 생애를 일관되고 통일적인 실체로 구축하고 싶어하는 전기작가들의 노력도 같은 맥락에서 이해할 수 있다.

바르트와 푸코의 저자 이론은 우리가 익히 알고 있고 알고 있다고 믿었던 "어떤" 셰익스피어를 죽여야 새롭고 의미 있는 셰익스피어가 살아날 수 있다고 말하는 듯하다. 어쩌면 셰익스피어로부터 저자 기능을 박탈할 수 있음을 인정할 때 비로소 우리는 셰익스피어의 원저자 논쟁의 덫에서 벗어날 수 있을지 모른다. 저자 개념과 저자 기능의 역사성을 인정하고, 초기근대 작가 셰익스피어를 21세기의 독자와 관객 앞에 불러 세울 탈신비적 탈근대적 접근법을 모색해야 할 때이다. 홀더니스처럼 9개의 셰익스피어를 상상하는 것을 넘어서 4세기 전 셰익스피어가 그랬듯이 협력과 소통을 통해 새로운 셰익스피어를 매번 만나고 경험하는 것이야말로 어쩌면 셰익스피어를 영원히 살아있게 만드는 진정한 방법일지도 모르겠다.

나오는 말

이 책을 쓰겠다고 마음먹게 된 동기 중의 하나는 몇 해 전 우연한 만남 때문이었다. 영화 〈어나니머스〉가 극장에 나온 지 얼마 지나지 않았던 시점이었는데, 인문학 분야의 매우 탁월한 학자인 동료 교수와 우연히 복도에서 마주쳤다. 나에게 〈어나니머스〉를 봤는지 물어보신 그분은 영화가 매우 설득력이 있다고 느꼈다고 말했다. 그 영화는 셰익스피어는 가짜일 뿐만 아니라 허영기에 가득차고 아무 것도 모르는 허세 가득한 무지랭이로 그려 놓고, 진짜 작가인 옥스퍼드 백작이 뒤에서 모든 것을 주무르고 있었다는 옥스퍼드 주의자들의 주장에 기초하여 만들어진 것이었기에 다소 당혹스러웠다. 영화로서 제법 흥미진진했지만, 셰익스피어 학자의 관점에서 보자면 역사적 사실에 대한 수많은 왜곡과 근거 없는 상상이 넘쳐나는 문제작이었는데도 말이다. 그분이 본인의 전공 분야만이 아니라 인문학 전반에 탁월한 식견을 갖춘 분이라는 사실 때문에 더 아찔했던 듯하다. 그 우연한 만남 이후로 셰익스피어 원저자 논쟁의 전말을 설명하는 간단한 책자를 출간해야겠다는 결심을 했던 듯하다.

집필을 시작했던 처음에는, 원저자 논쟁을 둘러싼 여러 담론을 정리해서 소개하고, 그 과정에 대한 교과서적인 평가를 제공하고 싶었다. 그러나 글을 써가는 과정에서 그것이 불가능한 작업이라는 것을 점차 깨닫게 되었다. 이 책이 셰익스피어를 둘러싼 논란을 잠재우기는커녕, 어쩌면 더 혼란스럽게 만들 수도 있음을 인정할 수밖에 없었다. 어떤 독자들은 더 많은 의심을 가지게 되었을 수도 있다. 그것은 셰익스피어의 생애에 관한 한 여전히 확실한 것보다 불확실한 부분이 더 많이 남아있기 때문이다. 구멍이 송송 뚫린 사실들을 보충하기 위해 더 많은 추측과 상상력이 필요하다는 것이 분명해질 것이기 때문이다. 전문가적인 정보를 충분히 제공함으로써 왜곡된 음모론의 실체를 드러내고, 그럼으로써 셰익스피어의 신원에 관한 논쟁을 심판하고 싶다는 바램은 어쩌면 부질없는 것이었다. 전상진이 말한 것처럼, 심판자의 태도로는 음모론을 끝장낼 수 없다. 잘려나간 히드라의 목에서 두 개의 머리가 솟아나듯이, 더 많은 빈틈과 더 많은 모순이 매일 출현할 것이기 때문이다. 음모론이란 그런 것이다. 그런 관점에서, 비록 불충분한 "관찰자" 노릇을 자임하고, 그간 논의되고 알려진 내용을 요약 정리함으로써 셰익스피어에 대한 새로운 논의의 밑거름을 제공하는 것에 만족하기로 한다.

역사학자 윌리엄 루빈스타인William Rubinstein은 2005년에 출간한 『밝혀질 진실』*The Truth Will Out*에서 다음과 같은 말로 자신의 주장을 시작한다. 그는 스트랫포드 출신 셰익스피어는 가짜이며 헨리 네빌 경Sir Henry Neville이 진짜 셰익스피어라고 믿는 새로운 안티 스트랫포드 주의자다.

> 셰익스피어가 어떻게 왜 런던으로 갔는지, 그가 진짜로 믿었던 종교는 무엇이었는지, 13세 이후로는 정식 교육을 받은 기록이 없는데도 어떻게 그렇게 박식하게 되었는지, 왜 40대에 시골마을로 은퇴를 하게 되었는지 등등에 관한 어떤 증거도 존재하지 않는다. 단지 그가 세상을 떠난 오랜 후에 기록된 이야기와 전설들만 남아 있을 뿐이다. 1910년에 발견된 몬조이-벨롯 재판에 관한 기록 이후에는 어떤 새로운 기록도 발견되지 않았다. 작가로 추정되는 그의 경력에 관해서는 도무지 아무 것도 없다. 이게 당신에겐 특이하지 않은가?

안티 스트랫포드 주의자들이 오랜 동안 그래왔듯이 루빈스타인과 같은 사람들은 결코 자신들의 의심을 거두어들이지 않을 것이다. 그것은 셰익스피어의 삶에 관한 정보들은 언제나 그렇게 우리를 유혹하는 빈 공간인 채로 남아 있을 것이며, 공문서들 속에서 발견되는 인간과 작품 속에 구현되는 세계의 간극을 메울 길이 도무지 없기 때문이다. 전문가들의 개입으로 셰익스피어 가짜설이 종식될 수 있을 것이라는 믿음을 내가 포기한 이유다. 음모론과 싸우는 방법은 그들이 믿고 있는 것들이 잘못되었음을 밝히는 방식이 아니라 전혀 새로운 관점에서 셰익스피어를 마주할 용기와 인식을 요구한다. 음모론의 시대, 저자의 죽음이 선언된 이후의 시대, 셰익스피어 연구가 갱신되어야 한다는 것은 너무도 자명하지 않은가?

참고문헌

이 책을 집필하면서 참조한 책들에 관한 서지 정보를 아래에 제공한다. 직접 문장을 인용한 경우도 많지만, 말 그대로 참고만 한 책들도 포함시켰다. 그런데 이 책이 새로운 주장을 내놓기보다는 기존의 연구 성과를 정리하고 요약하는 부분이 많기 때문에 대부분의 경우 출처, 인용부호, 서지정보를 본문에 포함시키지 않았다. 그럴 경우, 책이 너무 지저분해질 염려가 있었기 때문이다. 그렇지만 고백컨대, 이 책에 나오는 대부분의 정보는 여기 참고 문헌에 기록된 책들로부터 가져온 것들이다. 그리고 목록에는 포함되지 않았지만, 많은 온라인 자료들을 참고하였다. 특히 Wikipedia, Britannica Online, Dictionary of National Biography 사이트 등은 매우 유용한 정보를 제공하였다.

에러너비치, 데이비드, 『음모는 없다』. 이정아 옮김. 시그마북스, 2012.

웰즈, 스탠리. 『셰익스피어의 책』, 이시은 외 옮김, 지식갤러리, 2015.

이종숙. 「민중편집자로서의 셰익스피어의 관중」. 『창작과 비평』 22(1994): 144-168.

이현석. 『작가생산의 사회사: 윌리엄 셰익스피어와 문학 제도의 형성』. 부산: 경성대학교출판부, 2003.

전상진. 『음모론의 시대』. 문학과지성사, 2015.

커모드, 프랭크. 『셰익스피어의 시대』. 한은경 옮김. 을유문화사, 2005.

프랑스와 라로크. 『셰익스피어: 비극의 연금술사』. 이종인 옮김. 시공사, 1996.

피어스, 퍼트리샤. 『셰익스피어 사기극』. 진영종, 최명희 옮김. 한울, 2008.

한영림. 『셰익스피어 공연무대사』. 서울, 동인출판사, 2007.

Bate, Jonathan and Eric Rasmussen, ed. *William Shakespeare & Others: Collaborative Plays.* London: Palgrave Macmillan, 2013.

Bate, Jonathan. *The Genius of Shakespeare*. London: Picador, 1997

Bate, Jonathan. *The Soul of the Age: A Biography of the Mind of William Shakespeare*. NY: Random House, 2009.

Bennett, Andrew. *The Author*. London: Routledge, 2005.

Bentley, Gerald Eades. *The Profession of Dramatist in Shakespeare's Time, 1590-1642*. Princeton: Princeton UP, 1971.

Bevington, David. *Shakespeare & Biography*. Oxford: Oxford UP, 2010.

Brooke, C. F. Tucker, ed. *The Apocryphal Shakespeare*. (1908) Rpt. Berkeley: The Apocryphile Press, 2004.

Brooks, Douglas A. Ed. *The Shakespeare Apocrypha.* London: The

Edwin Mellen P, 2007.

Bryson, Bill. *Shakespeare.* London: HarperPress, 2009. 『빌 브라이슨의 셰익스피어 순례』. 황의방 옮김. 까치, 2009.

Callaghan, Dympna. *Who Was William Shakespeare?* Oxford: Wiley-Blackwell, 2013.

Clare, Janet. *Shakespeare's Stage Traffic*. Cambridge: Cambridge UP, 2014.

Collins, Paul. *The Book of William: How Shakespeare's First Folio Conquered the World.* NY: Bloomsbury, 2009.

Craig, Hugh & John Burrows, "A Collaboration about a collaboration: The Authorship of *King Henry VI, Part Three.*" *Collaborative Research in the Digital Humanities*. Ed. Marilyn Deegan & Willard McCarthy. London: Ashgate, 2012. 27-65.

Duncan-Jones, Katherine. *Shakespeare: Upstart Crow to Sweet Swan, 1592-1623*. London: Methuen, 2011.

Duncan-Jones, Katherine. *Ungentle Shakespeare: Scenes from His Life.* London: The Arden Shakespeare, 2001.

Dutton, Richard, Alison Findley, and Richard Wilson, eds. *Theatre and Religion: Lancastrian Shakespeare.* Manchester: Manchester UP, 2003.

Edmondson, Paul and Stanley Wells, Ed. *Shakespeare Beyond Doubt: Evidence, Argument, Controversy*. Cambridge: Cambridge UP, 2013.

Ellis, David. *The Truth About William Shakespeare: Fact, Fiction and Modern Biographies*. Edinburgh: Edinburgh UP, 2013.

Erne, Lukas. *Shakespeare's Modern Collaborators*. London: Continuum, 2008.

Fiske, John. *Media Matters: Everyday Culture and Political Change*. Minneapolis: U of Minnesota P, 1994.

Foakes, R. A. *Henslowe's Diary*. 2nd Edition. Cambridge: Cambridge UP, 2002.

Grebanier, Bernard, *The Great Shakespeare Forgery*. London: Heinemann, 1966

Greenblatt, Stephen. *Will in the World: How Shakespeare Became Shakespeare.* NY: W. W. Norton & Co., 2004.

Greer, Germaine. *Shakespeare's Wife.* NY: HarperCollins, 2007.

Holden, Anthony. *William Shakespeare: An Illustrated Biography*. London: The Little, Brown Book, 2001. 『윌리엄 셰익스피어』. 장경렬 옮김. 푸른숲, 2005.

Holderness, Graham. *Nine Lives of William Shakespeare*. London: Bloomsbury, 2011.

Holderness, Graham. "Author! Author!: Shakespeare and biography." *Shakespeare* 5.1(2009): 122-133.

Honigmann, E. A. J. *Shakespeare: The 'lost' years*. Manchester: Manchester UP, 1985.

James, Brenda and William D. Rubinstein. *The Truth Will Out: Unmasking the Real Shakespeare.* London: Pearson, 2005.

Kahan, Jeffrey. *Shakespeare Imitations, Parodies, and Forgeries 1710-1820.* 3 vols. NY: Routledge, 2004.

Kirwan, Peter. *Shakespeare and the Idea of Apocrypha.* Cambridge: Cambridge UP, 2015.

Kirwan, Peter. "“You have no voice!”: Constructing Reputation through Contemporaries in the Shakespeare Biopic." *Shakespeare Bulletin* 32.1 (2014): 11-26.

Knapp, Jeffrey. *Shakespeare Only.* Chicago: U of Chicago, 2009.

Kubus, Matt. "The Unusual Suspects." Paul Edmondson and Stanley Wells, Eds. *Shakespeare Beyond Doubt: Evidence, Argument, Controversy.* Cambridge: Cambridge UP, 2013. 49-60.

Leahy, William, Ed. *Shakespeare and His Authors: Critical Perspectives on the Authorship Question.* London: Continuum, 2010.

Lynch, Jack. *Becoming Shakespeare.* NY: Walker & Co, 2007. 『셰익스피어는 셰익스피어가 아니다』. 송정은 옮김. 추수밭, 2009.

Matus, Irvin Leigh. *Shakespeare, In Fact.* NY: Dover, 2012.

McCrea, Scott. *The Case for Shakespeare: The End of the Authorship Question.* London: Praeger, 2005.

Murphy, Andrew, Ed. *The Renaissance Text: Theory, Editing, Textuality*. Manchester: Manchester UP, 2000.

Nicholl, Charles. *The Lodger Shakespeare*. London: Penguin Books, 2007. 『셰익스피어: 실버 스트리트의 하숙인』. 안기순 옮김. 고즈윈, 2009.

Patterson, Annabel. *Shakespeare and the Popular Voice*. London: Basil Blackwell, 1991.

Potter, Lois. *The Life of William Shakespeare: A Critical Biography.* Oxford: Wiley-Blackwell, 2012.

Rasmussen, Eric. *The Shakespeare Thefts: In Search of the First Folios.* NY: Palgrave Macmillan, 2011.

Rosenbaum, Ron. *The Shakespeare Wars.* NY: Random House, 2006.

Saunders, A. A. L. *The Master of Shakespeare:* Vol. I. Sonnets. MoS Publishing, 2007.

Shapiro, James. *1599: A Year in the Life of William Shakespeare*. London: Faber & Faber, 2005.

Shapiro, James. *Contested Will: Who Wrote Shakespeare?* NY: Simon & Schuster, 2010.

Schoenbaum, Samuel. *Shakespeare's Lives*. 1970. Revised Edn. Oxford: Oxford UP, 1970.

Schoenbaum, Samuel. *William Shakespeare: A Compact Documentary Life*. 1975. Revised Edn. Oxford: Oxford

UP, 1987.

Taylor, Gary. *Reinventing Shakespeare: A Cultural History from the Restoration to the Present.* Oxford: Oxford UP, 1989.

Van Es, Bart. *Shakespeare in Company*. Oxford: Oxford UP, 2013.

Vickers, Brian. *Shakespeare, Co-Author*. Oxford: Oxford UP, 2002.

Weis, René. *Shakespeare Unbound: Decoding a Hidden Life*. NY: Henry Holt and Co., 2007.

Wells, Stanley. *Shakespeare & Co*. NY: Pantheon Books, 2006.

Wells, Stanley. *Shakespeare for All Time*. Oxford: Oxford UP, 2003.

Wells, Stanley. *William Shakespeare: A Very Short Introduction*. Oxford: Oxford UP, 2015.

Williams, Robin P. *Sweet Swan of Avon: Did a Woman Write Shakespeare?* Santa Fe, NM: Wilton Circle Press, 2006.

Wilson, Richard. "Shakespeare and the Jeuits: New connections supporting the theory of the lost Catholic years in Lancashire." *Times Literary Supplement*. Dec. 19, 1997. 11-13.

Wilson, Richard. *Secret Shakespeare: Studies in theatre, religion and resistance*. Manchester: Manchester UP, 2004.